スピードマスター
日本史問題集
日本史 Ⓑ

東京都歴史教育研究会　編

山川出版社

はじめに

◆

　高校生として多忙な毎日をおくる生徒諸君に，日常の日本史学習や大学受験対策を時間の無駄なく進められるように，わずか30日間で日本史の基礎・基本を捉えられる教材として，『スピードマスター日本史問題集』が刊行されたのは十年前のことであった。

　このたび，文部科学省が高等学校学習指導要領を改訂し，日本史教科書も新課程本が発行されるのに従い，山川出版社の『詳説日本史』に準拠している『スピードマスター日本史問題集』も，ここに改訂版を刊行することとなった。

　日本史の学習には多くの知識量が求められるが，ただ用語を覚えていくだけでは日本史全体を把握する学習はできない。時代の流れに沿って歴史用語相互の関係性をつかみ，時代ごとの特色を的確に捉えることが重要である。この『スピードマスター日本史問題集』は，このニーズに応えるべく，二つのねらいを持って構成された問題集である。

　一つ目は日常の日本史学習において，各単元を整理し，重要事項を理解できたか否かをチェックすることである。その機能を果たすため，一つの単元を年表や表などを多く用いたビジュアルな構成として見開き2ページにまとめ，次の2ページで，その単元の用語を確認する問題（スピード・チェック）を配置した。授業の予習・復習や定期考査の際に活用してもらいたい。

　二つ目は大学受験対策として，時間の無駄なく日本史学習のまとめができるよう，30日間で完成する構成とした。単元は系統的な学習を踏まえた上，時代を広く捉えているものや分野別の流れが理解できるものを多く置いた。これにより受験知識を再度整理し，スピード・チェックによって重要事項や頻出事項の確認を行ってもらいたい。

　こうした本書の特徴を踏まえ，日常や入試対策の問題集として大いに活用して欲しい。そして，日本史理解の基礎・基本を身に付け，受験の栄冠を含む大きな成果を上げられんことを期待している。

東京都歴史教育研究会
日本史問題集編集委員会

目次

1. 日本文化のあけぼの ... 2
   スピード・チェック ... 4
2. 律令国家の形成 ... 6
   スピード・チェック ... 8
3. 古代の外交 ... 10
   スピード・チェック ... 12
4. 律令制度と平城京の時代 ... 14
   スピード・チェック ... 16
5. 飛鳥, 白鳳, 天平の文化 ... 18
   スピード・チェック ... 20
6. 平安初期の政治と摂関政治 ... 22
   スピード・チェック ... 24
7. 院政と平氏政権 ... 26
   スピード・チェック ... 28
8. 弘仁・貞観, 国風文化と院政期の文化 ... 30
   スピード・チェック ... 32
9. 鎌倉幕府の成立 ... 34
   スピード・チェック ... 36
10. 南北朝の動乱と室町幕府 ... 38
    スピード・チェック ... 40
11. 中世の外交 ... 42
    スピード・チェック ... 44
12. 中世の社会・経済と庶民の活動 ... 46
    スピード・チェック ... 48
13. 鎌倉時代・室町時代の文化 ... 50
    スピード・チェック ... 52
14. 戦国大名の登場 ... 54
    スピード・チェック ... 56
15. 織豊政権と桃山文化 ... 58
    スピード・チェック ... 60

16	幕藩体制の成立	62
	スピード・チェック	64
17	幕藩体制の安定	66
	スピード・チェック	68
18	幕藩体制の動揺と改革	70
	スピード・チェック	72
19	寛永，元禄，宝暦・天明，化政文化	74
	スピード・チェック	76
20	開国と幕末の動乱	78
	スピード・チェック	80
21	明治維新と富国強兵	82
	スピード・チェック	84
22	立憲国家の成立	86
	スピード・チェック	88
23	日清・日露戦争	90
	スピード・チェック	92
24	近代産業の発展と労働運動	94
	スピード・チェック	96
25	第一次世界大戦と日本	98
	スピード・チェック	100
26	近代文化と大衆文化	102
	スピード・チェック	104
27	恐慌と軍部の台頭	106
	スピード・チェック	108
28	第二次世界大戦	110
	スピード・チェック	112
29	占領下の日本と経済復興	114
	スピード・チェック	116
30	戦後政治と世界の動き	118
	スピード・チェック	120
●	TOPICS 戦後の諸問題	122

スピードマスター

日本史問題集　日本史Ⓑ

1 日本文化のあけぼの

1 ── 文化の始まり（旧石器・縄文・弥生文化）

	旧石器時代（〜約1万3000年前）	縄文時代（〜約2500年前）
地質区分	**更新世**……氷期と間氷期の繰り返し	**完新世**……海面上昇，日本列島誕生
石器区分	**打製石器**……握槌・石斧・ナイフ形石器・ **尖頭器・細石器**	打製石器……石鏃(弓矢)・石匙・打製石斧 **磨製石器**……石皿・磨製石斧
土器区分	なし	縄文土器（草創・早・前・中・後・晩期）
生活・ 住居	狩猟・採取 テント式の小屋・洞穴・移住生活	狩猟・採取・漁労・栽培 **竪穴住居**，骨角器の製作（釣針，銛）
遺跡	①岩宿（相沢忠洋），②野尻湖（ナウマン ゾウ），③早水台，④白滝	〔大型住居〕⑥三内丸山 〔水田跡〕⑧菜畑，⑨板付 〔貝　塚〕⑩大森，⑪加曽利，⑫鳥浜
その他	化石人骨 ⑤浜北人，⑥港川人・山下町洞人	**アニミズム**……**土偶・石棒・抜歯・屈葬** 交易の開始⇒黒曜石やひすいの分布 ⑬和田峠，⑭神津島，⑮姫川

	弥生時代（〜3世紀中頃）
土器	弥生土器（前・中・後期） ⇒機能別…甕，壺，甑，高杯
生活・ 住居	狩猟・採取・漁労・**水稲農耕** 環濠集落・高地性集落の出現
埋葬形態	土壙墓・木棺墓・箱式石棺墓⇒**伸展葬** 甕棺墓・支石墓・**方形周溝墓** **楯築墳丘墓**・四隅突出型墳丘墓
水稲農耕	〔初期〕…**湿田**，木製農具（田下駄）， **直播**（田植えもあり），石包丁で穂首刈り 木臼と竪杵で脱穀 〔後期〕…**乾田**，鉄製工具で農具作成， 高床倉庫
金属器	鉄器（鉄斧，刀子，鉇，鉄鎌） 青銅製祭器（**銅鐸・銅剣・銅矛・銅戈**）
その他	機織り，ブタの飼育
遺跡	⑯登呂，⑰唐古・鍵，⑱荒神谷，⑲板 付，⑲吉野ヶ里，⑳紫雲出山

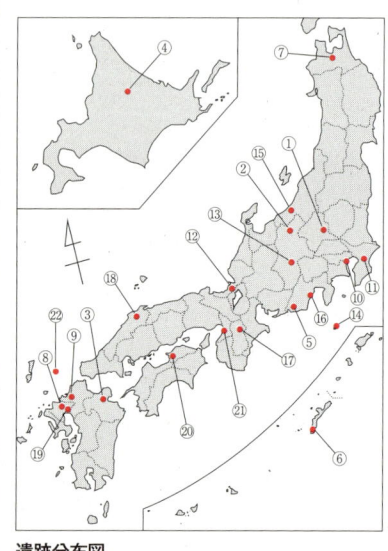

遺跡分布図

2 ── 古墳文化

	時期	場所	形態	副葬品	遺跡
前期	3c〜4c後	丘陵台地	**前方後円墳** 〔内部〕**竪穴式石室**・粘土槨 〔埴輪〕円筒・家形・器材	司祭者的性格 銅鏡(三角縁神獣鏡),腕輪,武具	箸墓古墳(奈良) 浦間茶臼山古墳(岡山) 石塚山古墳(福岡)
中期	4c後〜5c末	平野	巨大な前方後円墳 〔内部〕竪穴式石室 **横穴式石室**の出現 〔埴輪〕円筒・家形・器材の他に人物・動物の形象埴輪も	武人的性格 武具・馬具 須恵器の出現	誉田御廟山古墳(大阪) ㉑大仙陵古墳(大阪) 造山古墳(岡山)
後期	6c〜7c	各地	近畿のみ大規模古墳 **群集墳**(円墳)の増加 〔内部〕横穴式石室が一般化 〔埴輪〕人物・動物の形象埴輪 **装飾古墳**の出現,石人・石馬 終末期に**八角墳**(大王)	多量の土器 装身具,農具	新沢千塚古墳群(奈良) 高松塚古墳(奈良) 藤ノ木古墳(奈良)

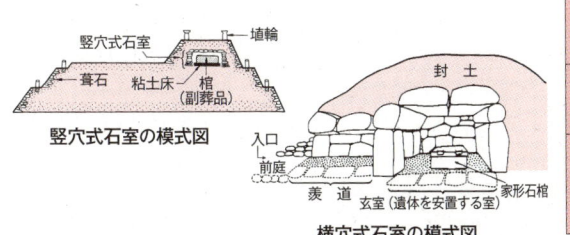

竪穴式石室の模式図　横穴式石室の模式図

土器	**土師器**(弥生系,赤褐色) **須恵器**(朝鮮系,硬質で灰色)
衣服	袴(乗馬ズボン風) 裳(スカート風)
信仰	祈年の祭,新嘗の祭 **太占の法**,**盟神探湯**,禊,祓 自然崇拝(大神神社,㉒沖ノ島)

3 ── ヤマト政権

〔**氏姓制度**〕……**姓**をもつ**氏**によって組織された政治・社会制度
　　　　　　↓　　　　　　　　　　　　　　↓
　　身分序列を示す称号　　　→血縁の同族集団,**氏上**(首長)と氏人で構成

姓	内容	代表的な豪族
臣	大王家より分かれたとされる皇別豪族	葛城臣,平群臣,蘇我臣
連	特定の職掌で朝廷に仕える有力豪族	物部連,大伴連,中臣連
君	地方の有力豪族に与えられた	上毛野君,筑紫君
直	国造に任じられた地方豪族に与えられた	
造	国造や,品部・子代・名代の首長に与えられた	

	直属民・私有民	直轄地・私有地	奴隷
大王・皇族	**子代・名代**	**屯倉**(田部が耕作)	**ヤツコ**(奴婢)
豪族	**部曲**	**田荘**	

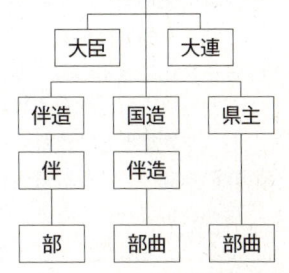

1 スピード・チェック

日本文化のあけぼの

1 ── 文化の始まり（旧石器・縄文・弥生文化）

❶ 約1万年前まで続いた(1   )は氷河時代とも呼ばれ，この時代の化石人骨はいくつか発見されている。静岡県(2   )人・沖縄県(3   )人や山下町洞人など，いずれも新人段階のものとされている。

❷ 人類がまだ金属器を知らなかった石器時代は，基本的に打ち欠いただけの(4   )のみを用いる(5   )時代と，完新世以降，石器を磨いて仕上げた(6   )が出現する新石器時代とに分けられる。

❸ かつて日本列島には旧石器時代の文化は存在しないと考えられていた。しかし，1946年に相沢忠洋が関東ローム層から石器を発見し，1949年に学術調査して群馬県(7   )遺跡が確認されて以降，旧石器の発見があいついだ。

❹ 旧石器時代の人びとは，(8   )と植物性食料を採取する生活を送っていた。(8   )にはナイフ形石器や(9   )などを棒の先端につけた石槍を用いた。

❺ 完新世になると，日本列島に住む人びとも大きく変わり，(10   )文化がおこる。(10   )文化の時代の人びとは，狩猟や採取の他に，栽培や(11   )などもおこなった。

❻ 漁労が発達した証拠として，今も各地に貝類の堆積層である(12   )が残る。日本で近代科学としての考古学は，1877年，アメリカ人の(13   )が東京都にある(14   )を発掘調査したことに始まる。

❼ 釣針・銛・やすなどの(15   )とともに石錘・土錘がみられるので，網を使用した漁法もさかんにおこなわれていたことを示している。

❽ 縄文人たちは地面を掘りくぼめ，その上に屋根をかけた(16   )を営んだ。青森県の(17   )遺跡からは，集合住居と考えられる大型の(16   )が発見されている。

❾ 長野県和田峠などで産出される(18   )といった石器の原材料や，ひすいなどの分布から広範囲での交易がおこなわれていたことがわかる。

❿ 縄文人たちは，あらゆる自然物や自然現象に霊威が存在する(19   )という考えをもっていた。これを示す遺物には，石棒や女性をかたどった(20   )などがある。

⓫ 紀元前4世紀初め頃，西日本に(21   )農耕を基礎とする弥生文化が成立し，やがて東日本にも広まった。紀元前4世紀から紀元後3世紀の時期を弥生時代と呼んでいる。

⓬ 佐賀県菜畑遺跡，福岡県(22   )遺跡など，西日本各地で縄文時代晩期の水田跡が発見され，水稲農耕が始まっていたことが明らかにされている。

⓭ 弥生文化は水稲農耕を基礎とし，高温で焼かれた薄手の(23   )，銅と錫の合金でつくられた(24   )，木材を伐採し加工するための石斧類，穂摘み用具の(25   )にとってかわった鉄鎌などの鉄器，機織り技術などをともなう新文化である。

⓮ 収穫物は(26   )や貯蔵穴におさめられた。木製農具の製作にはしだいに鉄製工具が使用されるようになった。農具の普及とともに，水田は低湿地につくられた(27   )だけでなく，灌漑施設を整えた(28   )の開発も進められた。

⑮ 弥生中期以降，佐賀県の(29)遺跡に代表されるような深い濠や土塁をめぐらした(30)や，戦争に備えて山頂や丘陵上に形成された(31)が出現した。
⑯ 埋葬形態では，土壙墓や木棺墓にそれまでの屈葬とは違う(32)のものが多くみられるようになり，方形の低い墳丘のまわりに溝をめぐらした(33)も出現した。
⑰ 豊かな実りを祈願するために，近畿地方に分布している釣鐘型の(34)に代表される青銅製祭器が用いられた。
⑱ 弥生文化は北海道や南西諸島にはおよばず，北海道では(35)，南西諸島では(36)と呼ばれる食料採取文化が続いた。

2 ── 古墳文化

❶ 3世紀中頃から後半に，大規模な(37)を代表とする古墳が西日本の各地に出現した。
❷ 出現期の前方後円墳の中でもっとも規模の大きなものは，(38)地方にみられる。この地方を中心とする政治的な連合を(39)という。
❸ 古墳の墳丘上には(40)が並び立てられ，斜面は葺石がふかれた。(40)は前期には墓域を示す(41)が多く，後期には人物・動物を形どった(42)がさかんになった。
❹ 埋葬施設には，古墳時代の前期には木棺を(43)石室におさめたものが多く，中期に出現した(44)石室が，後期には多くなった。
❺ 古墳の中で最大規模のものは中期の中頃に造営された大阪府にある(45)で，5世紀のヤマト政権の盟主，すなわち(46)の墓と考えられている。
❻ 中期の副葬品には，弥生土器の系譜を引く赤焼きの土器である(47)に対し，朝鮮半島から伝えられた硬質で灰色の土器である(48)がみられるようになった。
❼ 古墳時代後期には，一定地域内で円墳などの規模の小さい古墳が，多数構築された。これを(49)といい，有力農民層が台頭したことを物語るものと考えられており，奈良県の(50)などが有名である。
❽ 玄室内に，彩色あるいは線刻された壁画をもつ(51)も多くみられるようになった。奈良県の高松塚古墳などがその例である。
❾ 古墳時代の人びとの風習として，鹿の骨を焼いて吉凶を占う(52)や熱湯に手を入れて真偽を判断する(53)などがおこなわれた。

3 ── ヤマト政権

❶ ヤマト政権では，豪族は，(54)と呼ばれる首長に率いられた氏という血縁的組織で，地位を示す姓を与えられて統制された。この制度を(55)という。
❷ 一定の地域に基盤をもつ豪族に臣，大伴・物部氏のような特定の職掌をもつ豪族には(56)などの姓が与えられ，これらのうちとくに有力なものが政治にあたった。
❸ ヤマト政権が(57)と呼ぶ直轄地を設け，田部に耕作させたのに対し，豪族も私有地である(58)や私有民である(59)を領有して，経済的基盤とした。
❹ 朝廷の政務や祭祀などの職務は，(60)と呼ばれる豪族が，伴や品部という部民を従えて代々奉仕した。

2 律令国家の形成

1── 飛鳥の朝廷

継体	527	磐井の乱…筑紫国造磐井が新羅と結んで反乱 大伴氏の台頭
欽明	540	大伴金村の失脚…加耶西部で百済の支配権確立 ⇨ 物部氏と蘇我氏の台頭
崇峻	587	┌→三蔵(斎蔵・内蔵・大蔵)の管理 大臣蘇我馬子(財政担当)が大連物部守屋(軍事担当)を滅ぼす
	589	隋が南北朝を統一
	592	蘇我馬子が崇峻天皇を暗殺
推古		〔推古朝の政治〕厩戸王(聖徳太子)と大臣蘇我馬子による政治,飛鳥文化が開花
	594	仏法興隆の詔
	600	倭国の使者が隋に到着(『隋書』倭国伝のみ記載)
	603	冠位十二階の制…徳・仁・礼・信・義・智,位階は個人に対して1代限り
	604	憲法十七条…豪族たちに国家の官僚としての自覚を求める 「和を以て貴しとなし」「篤く三宝(仏教)を敬へ」
	607	遣隋使の派遣…小野妹子の派遣(『隋書』倭国伝・『日本書紀』ともに記載)
	608	隋の皇帝煬帝は答礼使裴世清を派遣 ⇨ 高向玄理・南淵請安・僧旻ら留学生を連れて,帰国
	618	隋が滅び,唐がおこる
	620	『天皇記』『国記』の成立…厩戸王と馬子が編集しはじめたとされる歴史書
舒明	630	遣唐使の派遣…犬上御田鍬の派遣

6世紀の朝鮮半島

2── 大化改新と律令国家の成立

1 大化改新

皇極		〔蘇我蝦夷・入鹿父子の権勢〕
	643	入鹿が山背大兄王(厩戸王の子)を襲って自殺させる
	645	乙巳の変 中大兄皇子・中臣鎌足・蘇我倉山田石川麻呂らが入鹿を暗殺,蝦夷は自殺
孝徳		〔大化改新〕年号を大化とし,大王宮を飛鳥から難波へ移す 皇太子:中大兄皇子,左大臣:阿倍内麻呂,右大臣:蘇我倉山田石川麻呂 内臣:中臣鎌足,国博士:高向玄理・旻
	646	改新の詔…①公地公民制(食封・布帛の支給) ②地方行政区画の設定 　　　　　③戸籍・計帳をつくり,班田収授法をおこなう ④統一的な税制の確立

2 律令国家への道

天皇	年	出来事
斉明 (皇極が重祚)	658	阿倍比羅夫ら東北地方日本海側へ遠征(～660)
	660	百済の滅亡
天智 (中大兄皇子)	663	**白村江の戦い**…唐・新羅の水軍に大敗 ⇨防衛政策 ①対馬・壱岐・筑紫に防人と烽を設置 　　　　　　②大宰府の北に水城, ③朝鮮式山城(大野城など)の建設
	667	近江大津宮に遷都
	668	近江令の完成?
		高句麗の滅亡
	670	**庚午年籍**の作成…最初の完備した全国的戸籍
	672	**壬申の乱**…皇位をめぐっての内乱 ○大海人皇子(天智の弟)　VS　大友皇子(天智の子)×
天武 (大海人皇子)	672	飛鳥浄御原宮に遷都…皇親政治を展開
	676	新羅が朝鮮半島を統一
	683	銅銭(**富本銭**)の鋳造を命じる
	684	八色の姓の制定…新しい身分秩序の編成 →真人・朝臣・宿禰・忌寸・道師・臣・連・稲置
持統 (天武の后)	689	**飛鳥浄御原令**の施行
	690	庚寅年籍の作成
	694	**藤原京**の造営…都城制の採用, 白鳳文化の開花 大和三山(耳成山・畝傍山・香具山)に囲まれた地
文武	701	大宝律令の成立…刑部親王・藤原不比等らが中心
元明	708	**和同開珎**の鋳造…武蔵国から銅の献上, 年号を和銅とする →本朝十二銭(皇朝十二銭)の初め 　　(最後は958年発行の乾元大宝)
	710	**平城京**に遷都…唐の都長安を模す, 各区画は**条坊**で示す 平城宮(内裏, 大極殿, 朝堂院)・左京・右京・外京に区分 朱雀大路をはさみ, 東・西市を設置(市司が監督)

富本銭

和同開珎

3 律令の制定〔律…刑法, 令…行政法・民法〕

名称	制定年・天皇		施行年・天皇		編集者及び内容
近江令	668?	天智	671?	天智	中臣鎌足ら, 内容不詳, 完成を疑う説あり
飛鳥浄御原令	681?	天武	689	持統	草壁皇子ら, 22巻, 律の完成には疑問あり
大宝律令	701	文武	令701 律702	文武	刑部親王・藤原不比等ら, 律6巻, 令11巻 現存しないが,『令集解』に一部伝わる
養老律令	718	元正	757	孝謙	藤原不比等, 令の条文は『令義解』に残る

※『令義解』(右大臣清原夏野, 令の解釈を公式に統一)
　『令集解』(惟宗直本, 明法博士の立場で, 令のさまざまな解釈を集成)

2 律令国家の形成

スピード・チェック

1 —— 飛鳥の朝廷

❶ 6世紀の朝鮮半島では，(1)の圧迫を受けた百済や新羅が勢力を南に広げ，加耶諸国は562年までにつぎつぎと併合されていった。

❷ 6世紀初め，新羅と結んだ筑紫国造(2)がヤマト政権に対して大規模な反乱をおこした。大王軍はこれを2年がかりでしずめ，直轄地である屯倉や，直轄民として名代・子代の部を各地において地方に対する支配を強めていった。

❸ 6世紀初めの継体天皇の時代において，政治上指導的地位についたのは(3)氏であったが，朝鮮半島に対する外交政策の失敗で勢力を失った。そして6世紀中頃の(4)天皇の時代には，大連の物部氏と大臣の蘇我氏とが対立するようになった。

❹ 587年，大臣の(5)が大連の(6)を滅ぼして政権を独占するようになり，592年には(7)天皇を暗殺するにいたった。

❺ 政情の危機にあたって女性天皇として即位した(8)天皇は，甥の(9)に国政を担当させた。(9)は大臣の蘇我馬子と協調しながら国政の改革にあたった。

❻ (10)年，(11)の制が定められた。これは姓とは異なり，才能や功績に応じて個人に与えられ，しだいに昇進できるという画期的なものであった。

❼ 604年には，(12)を制定した。これは，豪族たちに国家の役人として政務にあたるうえでの心構えを説くとともに，538年に百済から伝わったとされる(13)を敬うことなどを強調した。

❽ 607年に(14)は遣隋使として隋へ派遣された。隋の皇帝(15)は，翌年答礼使として裴世清を派遣した。

❾ 618年，隋が滅んで(16)がおこり強大な国を築くと，倭は630年に犬上御田鍬を派遣した。

2 —— 大化改新と律令国家の成立

❶ 蘇我馬子のあとに(17)が大臣になったが，643年(17)の子(18)はみずからの手に権力を集中するため，有力な皇位継承者であった(19)を襲って自害させた。

❷ (20)年，中臣鎌足は(21)皇子とはかって蘇我入鹿を宮中で暗殺し，その父蝦夷を滅ぼした。(21)皇子は，新たに即位した(22)天皇のもとで皇太子となり，新政権をつくって国政の改革に着手した。

❸ 新政権は，中央豪族の有力者を左・右大臣にするとともに，中臣鎌足を(23)に，唐から帰国した(24)・僧(25)を国博士に任命して政策の立案にあたらせた。

❹ 新政権は，この年中国にならって初めて年号を立てて大化とし，政治を刷新するために都を飛鳥から(26)に移した。

❺ 646年，新政権は4カ条からなる「(27)」を出した。それは，土地・人民を皇族や豪族が個別に支配することをやめて(28)制とすることや戸籍・計帳をつくって(29)

2 律令国家の形成

❻ 孝徳天皇の時代におこなわれたこれら一連の改革を狭義の意味で(30   )といい，このち7世紀末にかけて中央集権国家の体制が形成されていった。

❼ 新羅は，朝鮮半島の統一に乗り出し，660年に唐と協力してまず(31   )を滅ぼした。しかし，(31   )の遺臣たちは兵を集めて抵抗を続け，倭(日本)に救援を求めた。重祚した(32   )天皇はこれに応じ，救援の軍を送ることを決定した。

❽ (33   )年，朝鮮半島に渡った倭(日本)軍は(34   )の戦いで唐と新羅の連合軍と対戦していたが敗北し，朝鮮半島から撤退した。新羅は668年に(35   )をも滅ぼし，676年に朝鮮半島を統一した。

❾ 白村江の敗戦後，倭では中大兄皇子を中心に防衛政策が進められた。九州の対馬・壱岐・筑紫に(36   )と(37   )を設け，防衛拠点である大宰府の北に(38   )を築いた。また対馬から大和にかけて朝鮮式山城が築かれた。

❿ 中大兄皇子は，667年，都を(39   )に移し，翌年には即位して(40   )天皇となった。670年には最初の戸籍である(41   )をつくり，新政治を推し進めた。

⓫ 天智天皇が亡くなると，672年，天皇の弟(42   )は吉野で挙兵し，天皇の子(43   )を擁する勢力と敵対した。そして東国から兵を集めて(43   )の朝廷に勝利した。この争乱を(44   )という。

⓬ 壬申の乱ののち，大海人皇子は(45   )で即位して(46   )天皇となった。

⓭ 天武天皇は官吏の位階や昇進の制度を定めて，旧来の豪族を政府の官吏として組織した。684年には(47   )を定めて豪族たちを天皇を中心とした身分秩序に編成した。

⓮ 飛鳥池遺跡より発見された国内最古の鋳造貨幣である(48   )は，天武天皇の時代に唐の貨幣を模倣してつくられた。

⓯ 天武天皇のあとを引き継いだのは皇后であった。皇后は即位して(49   )天皇となり，庚寅年籍の作成など律令体制の一層の整備につとめた。

⓰ 持統天皇は，国家運営の中心として中国の都城にならって，初めて本格的な都の建設に取り組み，飛鳥の北の地に(50   )を営んだ。

⓱ 708年，武蔵国から銅が献上されると，天皇は年号を和銅と改め，天武天皇期につくられた富本銭に続けて，(51   )を鋳造した。

⓲ (52   )天皇の時代，710年に都を(53   )へ遷都した。この都は唐の都(54   )にならい，碁盤の目状に区画された(55   )制の都市であった。

⓳ 唐の律令を手本として日本の律令はつくられたが，律は刑法に，令は行政法・民法にあたる。天智天皇は最初の令である(56   )を定めたといわれる。

⓴ 天武天皇は律令や国史の編纂にも着手し，結果として(57   )が持統天皇の時代に施行されたが，律の完成は疑われている。

㉑ 文武天皇の701年に，(58   )や藤原不比等らの手によって(59   )が完成して，律令政治の仕組みがほぼ整った。718年には，藤原不比等らによって(60   )がつくられた。

3 古代の外交

1── 朝貢外交から遣唐使

1 3世紀までの遣使

日本	年代	史料	中国	朝鮮半島
弥生時代（小国の成立）	B.C.1C	「夫れ楽浪海中に倭人有り，分れて百余国と為る」 └→**楽浪郡**…武帝が朝鮮半島においた4郡の一つ （『**漢書**』**地理志**…班固）	前漢	楽浪郡の設置
	57	倭の**奴**国王が後漢に朝貢し，光武帝より「**漢委奴国王**」の**金印**を賜る ⇨江戸中期，福岡県志賀島で金印を発見 「建武中元二年，倭の奴国，貢を奉じて朝賀す…… ……光武，賜ふに印綬を以てす」（『**後漢書**』**東夷伝**…范曄）	後漢	北部＝**高句麗** 南部＝**馬韓・弁韓・辰韓**
倭国大乱	107	倭の国王帥升ら，生口（奴隷）160人を献上 「安帝の永初元年，倭の国王帥升等，生口百六十人を献じ，請見を願ふ」（『**後漢書**』東夷伝）		
	2C後半	倭国の大乱がおこる 「桓霊の間，倭国大いに乱れ……」（『**後漢書**』東夷伝）		
邪馬台国	239	**邪馬台国**の女王**卑弥呼**が魏に遣使を送る 魏より「**親魏倭王**」の称号と金印，銅鏡を賜る 「景初二年六月，倭の女王，大夫難升米等を遣し郡に詣り，天子に詣りて朝献せんことを求む」 （『**三国志**』「**魏志**」**倭人伝**…陳寿） 〔邪馬台国〕 ①29国ほどの小国を統一 ②租税の徴収 ③身分制度の存在（王→大人→下戸→生口） ④卑弥呼「**鬼道**（呪術）を事とし，能く衆を惑はす」	三国時代（魏・呉・蜀）	帯方郡の設置
	266	**壱与**（台与）（卑弥呼の宗女）が王となり，晋に遣使を送る	晋	

※邪馬台国の所在地…近畿説（奈良県纒向遺跡）と九州説（九州北部）

2 ヤマト政権からの遣使

| | 391 | 倭と高句麗の交戦⇨朝鮮半島南部の鉄資源を確保するため
「百残（百済）・新羅は旧是属民なり。由来朝貢す。而るに倭，辛卯の年よりこのかた，海を渡りて百残を破り新羅を□□し，以て臣民と為す」
（**高句麗好太王**〈**広開土王**〉の碑文） | 晋
五胡十六国 | 高句麗
楽浪郡を滅ぼす |

3　古代の外交

時代	年	事項	中国	朝鮮
倭の五王の時代（ヤマト政権）	478	倭の五王のうち，武が宋に遣使・上表　**（倭王武の上表文）** 「興死して弟武立つ。……七国諸軍事安東大将軍倭国王と称す。 　順帝の昇明二年，使を遣して上表して曰く……」 　　　　　　　　　　　　　　　　　　　　　（**『宋書』倭国伝**） 〔倭の五王〕　讃・珍・済（允恭）・興（安康）・**武**（雄略） 朝鮮半島南部をめぐる外交・軍事上の立場を有利にするため朝貢	南北朝時代（北魏・宋）	百済（馬韓）・新羅（辰韓）・加耶諸国（弁韓）
ヤマト政権（推古朝）	600 607 608	隋に遣使を送る **小野妹子**を遣隋使として派遣 推古天皇？　厩戸王？　←──┐　　┌─→小野妹子 「大業三年，其の王**多利思比孤**，使を遣して朝貢す。 　……其の国書に曰く，『日出づる処の天子，書を日没する処の天子に 　致す……』と。帝，之を覧て悦ばず……」 　　　　　　　　　　煬帝←──┘ 　　　　　　　　　　　　　　　　　　　　　　（**『隋書』倭国伝**） 中国皇帝に臣属しない形式をとり，無礼とされた 　　※タラシヒコ（足彦）は男性の天皇につけられる呼び名 答礼使裴世清が来日 小野妹子の再派遣時に**高向玄理・南淵請安・僧旻**らが同行し，留学	隋	
	630	**犬上御田鍬**を遣唐使として派遣 〔遣唐使〕630～894年の間，19回任命，15回渡海 「よつのふね」（4隻の船，500人規模）	唐	新羅の半島統一
奈良	717 727	吉備真備・玄昉・阿倍仲麻呂らが入唐 **渤海使**の来日（919年まで34回来日）…新羅との対抗関係		
平安	894	遣唐使の中止…**菅原道真**の建議		

2── 渡来人の活躍と大陸文化の受容

渡来人の活躍	①渡来伝説…**王仁**（西文氏）・**阿知使主**（東漢氏）・**弓月君**（秦氏） ②技術者集団…韓鍛冶部・陶作部・錦織部・鞍作部
漢字の伝来	①**江田船山古墳出土鉄刀**（熊本）　　　　　　　　　　　　　　　　　　 ②**稲荷山古墳出土鉄剣**（埼玉）　　　　「獲加多支鹵大王」＝倭王武＝雄略天皇 ③石上神宮七支刀（奈良） ④隅田八幡神社人物画像鏡（和歌山） ⑤「**帝紀**」（大王の系譜を中心とする伝承）・「**旧辞**」（朝廷の伝承・説話）の編纂 ※史部（漢字を用いてヤマト政権の記録や出納・文書作成に従事）
儒教の伝来	百済から五経博士が儒教を伝えたほか，医・易・暦博士も来日 ※4～5世紀，王仁が『論語』を伝える
仏教の伝来	百済の聖（明）王が欽明天皇に仏像・経論を献上 ①538年（戊午説）…**『上宮聖徳法王帝説』**『元興寺縁起』 ②552年（壬申説）…『日本書紀』

3 スピード・チェック
古代の外交

1 ── 朝貢外交から遣唐使

❶ 小国分立の状況は，中国の歴史書からもうかがえる。1世紀につくられた(1　)によると，「倭人」の社会は(2　)余国に分かれ，前漢が朝鮮半島においた(3　)に定期的に使者を送っていた，とある。

❷ 紀元57年に倭の(4　)国の王の使者が後漢の都におもむいて(5　)帝から印綬を受けていることや，(6　)年にも倭の王が(7　)を160人献上したことが歴史書(8　)に記されている。

❸ 奴国は現在の福岡市付近にあった小国で，同市の(9　)からは奴国王が授かったと考えられる「(10　)」と刻まれた金印が発見されている。

❹ 中国大陸では220年に後漢が滅び，かわって(11　)・呉・蜀の三国時代を迎えた。

❺ 魏時代の歴史書(12　)によると，倭国では(13　)世紀の終わり頃，大きな争乱がおこり，なかなかおさまらなかった，とある。

❻ 諸国は共同して(14　)国の女王(15　)を立てたところ，ようやく乱はおさまり，ここに(14　)国を中心とする29国ほどの小国の連合が生まれた。

❼ (16　)年，卑弥呼は3世紀初めに新設された(17　)郡をとおして魏の皇帝に使いを送り，「(18　)」の称号と多数の銅鏡などをおくられた。

❽ 卑弥呼は晩年，狗奴国と争ったが，248年頃に亡くなり，かわって男の王が立ったが，国内はおさまらず，卑弥呼の宗女である(19　)が王となってようやくおさまったという。

❾ 邪馬台国の所在地については，近畿説と，(20　)説とがある。奈良県の(21　)遺跡では2009年に大型建物跡が発見され，邪馬台国との関係で注目されている。

❿ 中国東北部からおこった(22　)は，朝鮮半島にも領土を広げ，313年には楽浪郡を滅ぼした。

⓫ 朝鮮半島南部では，馬韓・(23　)・辰韓という小国家が形成されていたが，4世紀には馬韓から(24　)が，辰韓から(25　)がおこり，国家を形成した。

⓬ 4世紀後半に高句麗が南下をはじめると，朝鮮半島南部の鉄資源を得るため，早くから(26　)と密接な関係をもっていた倭国は，高句麗と争うことになった。

⓭ 高句麗の都であった丸都(中国吉林省集安市)にある高句麗の(27　)の碑文には，両国の交戦のありさまが刻まれている。

⓮ 歴史書(28　)には，讃・珍・済・興・武と記された倭の五王があいついで中国の南朝に朝貢したことが記されている。

⓯ 倭の五王のうち，済とその子である興と武については「記紀」にみられる允恭天皇とその子(29　)天皇，(30　)天皇にあてることにほとんど異論はない。

⓰ 中国では，北朝からおこった(31　)によって南北朝が統一されたが，(31　)は国内の政治制度を整備するとともに，高句麗に出兵するなど周辺にも勢力をのばした。

⑰ (32)年，(33)は遣隋使として中国にわたったが，隋の皇帝(34)はこれに対し，翌年国使の裴世清を答礼使として派遣してきた。
⑱ 遣隋使には(35)・(36)・僧(37)ら，多くの留学生・学問僧が従っており，帰国した彼らの新知識は，のちの大化改新にはじまる政治改革に大きな役割を果たした。
⑲ 630年に(38)が第1回の遣唐使として薬師恵日らと派遣され，632年に帰国した。
⑳ 遣唐使の一行は，盛時には大使以下留学生ら4隻500名におよび，(39)と呼ばれ，律令国家の政治・文化の発展に大きく貢献した。
㉑ 遣唐使船の航路は，初め北路をとったが，(40)との関係が悪化した8〜9世紀には危険な南路をとった。
㉒ 717年，留学生として入唐した(41)は，唐朝に任官して玄宗皇帝に重用され，詩人李白らと交友した。753年，帰国途上，風雨のため帰れず藤原清河らと唐にとどまり，長安の都で死去した。
㉓ 唐に留学した(42)・(43)は，のち聖武天皇に重用されて政界で活躍した。
㉔ (44)年，遣唐使は(45)の建議で中止となり，以後，派遣されることはなかった。
㉕ 中国東北部などに住む靺鞨族や旧高句麗人を中心に建国した(46)は，唐や新羅との対立を背景に日本と通交した。

2 ── 渡来人の活躍と大陸文化の受容

❶ 朝鮮半島や中国とのさかんな交渉の中で，新しい文化が主として朝鮮半島からやってきた(47)人たちによって伝えられた。
❷ 「記紀」には西文氏の祖先とされる王仁の渡来伝説のほか，東漢氏の祖先とされる(48)や，秦氏の祖先とされる(49)の説話が載せられている。
❸ 漢字の使用もはじまり，和歌山県の(50)の人物画像鏡の銘文のように，漢字の音を借りて地名などを書き表わすことができるようになった。
❹ 埼玉県(51)古墳出土の鉄剣と熊本県(52)古墳出土の鉄刀には，雄略天皇をさす「獲加多支鹵大王」の名がみられる銘文が記されている。
❺ 漢字を用いてヤマト政権のさまざまな記録や出納・外交文書などの作成にあたった渡来人の集団を(53)という。
❻ 6世紀には百済から渡来した(54)により儒教が伝えられたほか，医・易・暦などの学術も伝えられ，一部の支配者層に受け入れられた。
❼ 百済の(55)が欽明天皇に仏教を伝えたとされる。しかし，伝来した年代については，『(56)』や『元興寺縁起』による(57)年説と，『日本書紀』による(58)年説とがある。
❽ 『古事記』『日本書紀』のもとになった大王の系譜を中心とする伝承を記した「(59)」や，朝廷の説話・伝承をまとめた「(60)」もこの頃に編纂が開始された。

4 律令制度と平城京の時代

1 ── 律令国家への道

1 律令官制と諸制度の完成

律＝刑法	**大宝律令**(701, 刑部親王・藤原不比等ら)
令＝行政法, 民法	**養老律令**(718, 藤原不比等ら)

中央	二官	**神祇官**…神々の祭祀をつかさどる **太政官**…一般政務, 太政大臣, 左・右大臣, 大納言などの公卿の合議
	八省	中務省(詔書の作成)　民部省(民政・財政)　大蔵省(収納・貨幣) 式部省(文官の人事)　兵部省(軍事・武官の人事)　宮内省(宮中の事務) 治部省(仏事・外交事務)　刑部省(裁判・刑罰)
	一台	**弾正台**…風俗取締り, 官吏の監察
	五衛府	衛門府, 左・右衛士府, 左・右兵衛府…宮城などの警備
地方	行政区	**畿内**(大和・山背・摂津・河内・和泉) **七道**(東海道・東山道・北陸道・山陽道・山陰道・南海道・西海道)
	諸国	**国**(国司〈地方官〉, 国府〈国衙〉に国庁〈役所〉を設置, 国分寺・国分尼寺) **郡**(郡司〈地方官〉, 郡家〈郡衙〉に郡庁〈役所〉を設置) **里**(のち郷, 里長〈在地の有力者〉, 1里は50戸で構成)
	要地	左・右京職(京), **摂津職**(難波), **大宰府**(九州)
その他	四等官制	長官(守・卿)・次官(介・輔)・判官(掾・丞)・主典(目・録)
	官位相当制	位階に応じた官職に任命される制度
	蔭位の制	父(五位以上)・祖父(三位以上)の位階に応じて一定の位階が与えられる制度 貴族層を維持する身分的特権
	司法制度	八虐(天皇・尊属に対する罪), **五刑**(笞・杖・徒・流・死)

2 民衆の負担

班田収授法	①**戸籍**(6年ごと)・**計帳**(調・庸を徴収する台帳で毎年)の作成 ②**口分田**の班給…6年に1度, 6歳以上に班給, 死者の分を収公。良民男性は2段, 女性は1段120歩(男性の2/3)で, 家人・私奴婢は良民の1/3
税	生産物　**租**(田地にかかり収穫の3%)・**調**(特産物)・**庸**(布, 歳役の代納) 労役　　**雑徭**(地方での労役60日), 歳役(都での公役10日, 庸で代納可) 兵役　　軍団(諸国), 衛士(宮城・京内の警備), **防人**(九州の防衛) その他　**出挙**(稲の強制貸付け), **運脚**(調・庸などを都へ運ぶ)
身分制度	良民, 賤民…**五色の賤**(陵戸・官戸・公奴婢・家人・私奴婢)
交通制度	駅制…官道(駅路)の整備, 駅家の設置(16kmごと), 駅鈴をもつ役人が駅馬を利用

2 ── 平城京の時代

1 奈良時代の政治

天皇	政権担当	年代	おもな出来事
元明	藤原不比等	708	**和同開珎**鋳造
		710	平城京遷都
		711	**蓄銭叙位令**
		712	出羽国の設置、『古事記』の完成(太安万侶、稗田阿礼)
		713	大隅国の設置(**隼人**の鎮圧)、『風土記』の完成
元正		718	養老律令の制定
	長屋王	720	『日本書紀』の完成(舎人親王)
		722	百万町歩の開墾計画
		723	**三世一身法**…新しく開墾したものは3世、旧来の灌漑施設を利用したものは本人1代の私有を認める
聖武		724	**多賀城**の築城…陸奥国府と鎮守府として蝦夷征討の拠点
		729	長屋王の変…藤原武智麻呂らの策謀により自殺
	藤原4兄弟		〔藤原武智麻呂(南家)・房前(北家)・宇合(式家)・麻呂(京家)の台頭〕
		729	光明子の立后
		737	疫病による4兄弟の死
	橘諸兄		〔唐から帰国した**玄昉・吉備真備**を重用〕
		740	藤原広嗣の乱(大宰府で挙兵)
			聖武天皇は鎮護国家の思想により国家の安定をはかる
		741	**国分寺建立の詔**…諸国に国分寺・国分尼寺の建立
		743	**墾田永年私財法**…開墾した田地の永久私有を認める
			大仏造立の詔(紫香楽宮で宣言)
孝謙	藤原仲麻呂(恵美押勝)		〔仲麻呂は恵美押勝と改名して儒教政治を展開〕
		752	東大寺大仏開眼供養
		757	養老律令の施行、橘奈良麻呂の変
淳仁		764	恵美押勝の乱…孝謙上皇信任の道鏡を除こうとしたが敗死
称徳(重祚)	道鏡		〔道鏡は法王となり、仏教政治を展開〕
		769	宇佐八幡神託事件…和気清麻呂の行動で阻止
		770	藤原百川ら、称徳天皇の死を契機に道鏡を追放
光仁	藤原百川		〔行政の簡素化、財政緊縮、官人の減員などを実施〕
桓武	藤原永手	784	長岡京遷都…造宮の責任者藤原種継の暗殺
		794	平安京遷都

2 聖武天皇の遷都

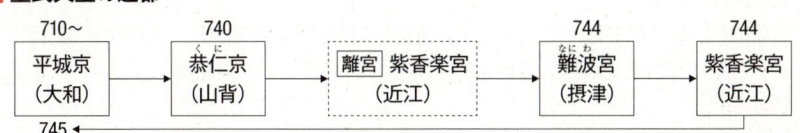

4 スピード・チェック
律令制度と平城京の時代

1 ── 律令国家への道

❶ 律令の統治組織は「二官八省」といわれている。二官とは神々の祭祀をつかさどる(1   )と一般政務をつかさどる(2   )であり、(2   )のもとには八省があった。

❷ 国政の運営は(3   )・左大臣・右大臣・大納言などからなる公卿の合議で進められ、有力な貴族がその地位についた。

❸ 八省のうち、武官の人事は兵部省であったが、文官の人事は大学などもつかさどった(4   )によっておこなわれた。

❹ 国家・社会の秩序を守るため、風俗の取締りや官吏の監察などをおこなう(5   )や、宮城などの警備を担当した(6   )があった。

❺ 特殊な地域をつかさどるものとして、京には左京職・右京職、難波には(7   )、外交、国防上の要地である九州には(8   )がそれぞれおかれた。

❻ 全国は(9   )(10   )の行政区にわかれ、その下に国・(11   )・里が設けられ、それぞれに役人がおかれた。

❼ 官庁に勤務する役人には位階が与えられ、位階に応じた官職に任命された。これを(12   )の制という。

❽ 五位以上の貴族の子は、父や祖父の位階に応じて一定の位階が与えられ、それに相当する官職に任命される特権があった。これを(13   )という。

❾ 刑罰としては笞・杖・徒・流・死の(14   )があった。国家・天皇・尊属に対する罪は(15   )といい、とくに重いものとされた。

❿ 政府は、人民を戸籍・(16   )に登録させ、これを50戸ずつの里に編成することによって、律令政治を末端にまで行き届かせる仕組みをとった。

⓫ 戸籍は6年ごとにつくられ、それにもとづいて(17   )歳以上の男女に一定の(18   )が与えられた。(18   )は売買を禁止され、死者の田は6年ごとの班年を待って収公された。これを班田収授法という。

⓬ 口分田は、男性に2段、女性にはその(19   )である1段120歩が与えられたが、私有の奴婢は良民男女の(20   )であった。

⓭ 農民は班田収授法によって生活は保障されたが、国家に対して(21   )・調・庸などの重い税を負っていた。(21   )は口分田などの収穫から3％ほどの稲をおさめるもので、地方の財源となっていた。

⓮ (22   )は、国司の命令によって60日以下の奉仕をする労役であり、国内の水利土木工事や国司の雑用などにあたった。

⓯ 政府が春に稲を貸し付けて、秋に高い利息とともに徴収する(23   )の制度があった。

⓰ 正丁と呼ばれた良民の成人男性には、都まで調・庸などの貢納物を運ぶ(24   )の負担があった。

⓱ 兵役は一定の割合で兵士が徴発された。兵士は諸国におかれた(25   )で訓練を受け、

一部は宮城や京内を警備する（26 ）や，九州北部を防備する（27 ）となった。
⓲ 人びとは，良民と（28 ）とに分けられ，（28 ）には五種があり，（29 ）と総称された。
⓳ 中央と地方とを緊密に結ぶために幹線道路が整備され，16kmごとに（30 ）を設ける駅制が敷かれた。

2── 平城京の時代

❶ 政府は，唐にならい（31 ）をはじめとする銭貨の鋳造をおこなったり，銭貨の流通をはかるために（32 ）を出したりしたが，あまり流通しなかった。
❷ 政府は領域の拡大にもつとめた。8世紀には，東北地方の（33 ）の征討は進み，日本海側には（34 ）国がおかれ，太平洋側にも鎮守府としての（35 ）が築かれた。一方，（36 ）の住む九州南部には新たに大隅国がおかれた。
❸ 藤原鎌足の子（37 ）は，律令制度の確立につとめるとともに，天皇家に接近して藤原氏発展の基礎を築いた。
❹ 729年，藤原氏は皇族の左大臣（38 ）を策謀によって自殺させ，不比等の娘（39 ）を（40 ）天皇の皇后に立てることに成功した。
❺ 藤原4兄弟は，（41 ）を祖とする南家のほか，四家をおこしたが，平安時代以降は（42 ）を祖とする北家が隆盛をきわめた。
❻ 藤原4兄弟の急死によって政権を握ったのは，皇族出身の（43 ）であった。また，そのもとで唐から帰国した（44 ）や僧侶の玄昉らが聖武天皇に信任されて活躍した。
❼ 740年，（45 ）は吉備真備・玄昉の追放を求めて九州の大宰府で反乱をおこした。乱の平定後も朝廷の動揺はおさまらなかった。
❽ 聖武天皇は，この乱ののち政治的不安から，740〜45年にかけて（46 ）・難波京・紫香楽宮と遷都を繰り返し，また平城京へもどった。
❾ 聖武天皇は仏教の（47 ）思想によって政治や社会の不安をしずめようとして，741年には（48 ）の詔を出し，さらに743年には（49 ）の詔を発した。
❿ 聖武天皇の退位ののち，光明皇太后の甥にあたる（50 ）が権勢をふるった。これに対し，勢力が後退した諸兄の子（51 ）は，757年（50 ）を除こうとしたが捕らえられ獄死した。
⓫ （52 ）太上天皇はみずからの病気治癒に当たった僧侶道鏡を信任して重く用いると，（53 ）と改名した仲麻呂はこれと対立して兵をあげたが敗死した。（52 ）太上天皇は，重祚して（54 ）天皇となり，そのもとで道鏡は権勢をふるった。
⓬ 道鏡は，豊後国にある（55 ）の神託と称して皇位を望んだが，（56 ）や藤原百川らによってはばまれた。
⓭ 政府は，田地の拡大をはかるため開墾を奨励して722に百万町歩の開墾計画を出し，翌年には（57 ），743年には（58 ）が出され，墾田の私有化が認められた。
⓮ 農民には，富裕になるものと貧困化するものとが現われ，困窮した農民の中には，口分田を捨てて戸籍に登録された地を離れ（59 ）したり，都の造営工事現場から（60 ）するものもいた。

5 飛鳥，白鳳，天平の文化

1── 飛鳥文化

特色	①最初の仏教文化　②中国南北朝文化の影響　③推古天皇の治世
仏教	氏寺の建立　蘇我氏→飛鳥寺(法興寺)，舒明天皇→百済大寺 　　　　　厩戸王→四天王寺・法隆寺(斑鳩寺)，秦氏→広隆寺 仏法興隆の詔(594)
建築	法隆寺…世界最古の木造建築遺構(607年創建の若草伽藍が670年に焼失・再建) 法隆寺五重塔・金堂・中門・歩廊(回廊) ⇨ 柱はエンタシス
彫刻・工芸	北魏様式…力強く男性的 　飛鳥寺釈迦如来像(飛鳥大仏)…現存最古の仏像 　法隆寺金堂釈迦三尊像…鞍作鳥の作 　法隆寺夢殿救世観音像…フェノロサ・岡倉天心が調査 南梁様式…柔和で丸みがある 　広隆寺半跏思惟像，中宮寺半跏思惟像 　法隆寺百済観音像 法隆寺玉虫厨子…須弥座絵・扉絵は密陀絵(油絵の一種) 中宮寺天寿国繡帳…厩戸王妃の 橘 大郎女がつくらせる
その他	『天皇記』『国記』の編纂(620)…乙巳の変で大部分を焼失 曇徴(高句麗僧)…彩色・紙・墨の技法をもたらす 観勒(百済僧)…暦法をもたらす→年月の経過を記録

2── 白鳳文化

特色	①初唐文化の影響　②清新で若々しい　③天武・持統天皇
仏教	国家仏教→官大寺(官寺)…伽藍造営・維持・管理は国家がおこなう 　　　　　大官大寺(のち大安寺)，薬師寺(藤原京→平城京)
建築	薬師寺東塔…三重塔の各層に裳階がつき，最上部の水煙には飛天の透彫りがある
彫刻	薬師寺金堂薬師三尊像…中央に薬師如来像，両脇に日光・月光菩薩像 薬師寺東院堂聖観音像 法隆寺阿弥陀三尊像…橘夫人念持仏 法隆寺夢違観音像 興福寺仏頭…もと山田寺薬師三尊の本尊，火災で頭部のみ残存
その他	法隆寺金堂壁画…インドや西域の影響が認められる→1949年焼損 高松塚古墳壁画…極彩色で描かれ，中国・朝鮮半島の影響 漢詩文…大友皇子・大津皇子 和歌…有間皇子・額田王・柿本人麻呂

3 ── 天平文化

特色	①平城京中心の高度な貴族文化　②盛唐文化の影響　③国家仏教　④聖武天皇の治世
仏教	**鎮護国家**思想　聖武天皇→741　国分寺建立の詔(山背国恭仁京で発布) 　　　　　　　　　　　743　大仏造立の詔(近江国紫香楽宮で発布) 孝謙天皇→752　大仏開眼供養(大和国平城京) 南都六宗…三論・成実・法相・倶舎・華厳・律(**鑑真**)の6学派 南都七大寺…薬師寺・東大寺・元興寺・西大寺・興福寺・法隆寺・大安寺 現世利益の手段，**神仏習合**のおこり
建築	**唐招提寺金堂**…現存唯一の奈良時代の金堂 唐招提寺講堂…平城宮の朝集殿の移築 東大寺法華堂(三月堂)…正堂は天平期，礼堂は鎌倉期 **正倉院宝庫**…校倉造　東大寺転害門　法隆寺伝法堂　法隆寺夢殿⇨八角円堂
彫刻	**乾漆像**…東大寺法華堂不空羂索観音像，興福寺阿修羅像，唐招提寺鑑真像 **塑像**…**東大寺法華堂日光・月光菩薩像**，執金剛神像，東大寺戒壇堂四天王像， 　　　　新薬師寺十二神将像
絵画・工芸	**薬師寺吉祥天像** 正倉院宝物　鳥毛立女屏風…唐風貴婦人の世俗画，螺鈿紫檀五絃琵琶，銀薫炉， 　　　　　　漆胡瓶⇨東ローマ・西アジアとの関係，白瑠璃碗 過去現在絵因果経…釈迦の一生を描いた，のちの絵巻物の源流 百万塔陀羅尼…日本最古の印刷物「陀羅尼経」を入れた木製の小塔
社会事業	光明皇后創建の施設→悲田院・施薬院 和気広虫(和気清麻呂の姉)→孤児の養育 **行基**(のち大仏造営に協力)による布教活動→農民のための用水・交通施設
史書	『**古事記**』(712)…稗田阿礼が誦習，**太安万侶**(安麻呂)が筆録 『**日本書紀**』(720)…六国史の最初，舎人親王ら編，漢文・編年体
文学	**風土記**(713)…**出雲**・常陸・播磨・肥前・豊後が現存，完本は出雲のみ 『**懐風藻**』…現存最古の漢詩集　代表的詩人は大津皇子・淡海三船・石上宅嗣 『**万葉集**』…万葉仮名で記載され，東歌・防人歌などを収録 　　　　代表的歌人は山上憶良(「**貧窮問答歌**」)・山部赤人・大伴旅人・大伴家持
教育	大学…貴族・史部の子弟を学生として教育　国学…郡司の子弟を教育 **芸亭**…石上宅嗣が創設した最初の公開図書館　仏教以外の書物(外典)を所蔵

4 ── 伽藍配置

配置の変遷→仏舎利信仰の**塔中心**から，仏像信仰の**金堂中心**へ

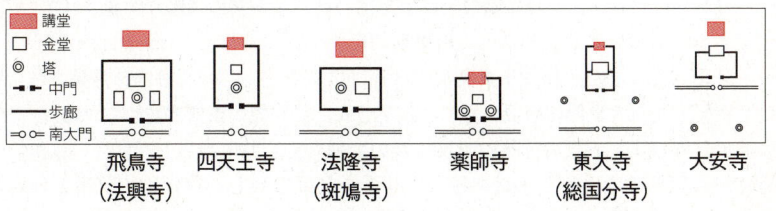

飛鳥寺(法興寺)　四天王寺　法隆寺(斑鳩寺)　薬師寺　東大寺(総国分寺)　大安寺

5 飛鳥，白鳳，天平の文化

スピード・チェック

1 ── 飛鳥文化

❶ 日本で最初の仏教文化は政治の中心地の地名から(1　)と呼ばれ，それまでの古墳文化に百済や高句麗，中国の南北朝文化の影響が加わってうまれたものである。

❷ 蘇我氏の発願による(2　)，厩戸王の発願といわれる四天王寺や(3　)など，諸氏は氏寺を建てて権威を示した。半跏思惟像で有名な広隆寺は(4　)氏の氏寺である。

❸ 法隆寺の若草伽藍跡は中門・塔・(5　)が一直線に並ぶ(6　)式の伽藍配置である。現在の法隆寺は中門からみて(7　)と金堂が並んで建てられている。

❹ 法隆寺は，『日本書紀』の670年に焼失したという記事と若草伽藍の発掘から，現在では再建説が有力である。現存最古の木造建築物で，(8　)の柱などに特徴がある。

❺ 後世の補修はあるが現存最古の仏像とされる(9　)と法隆寺金堂の(10　)は司馬達等の孫の(11　)の作である。法隆寺夢殿の(12　)は秘仏で，明治初期にフェノロサらの調査で初めて解明された。3つの仏像は，いずれも金銅像で中国北朝の(13　)様式の影響を強く受けている。

❻ この時代の工芸品としては，須弥座に密陀絵を有する法隆寺の(14　)や厩戸王の死後に妃の橘大郎女らが刺繍した中宮寺の(15　)が有名である。

❼ 百済の僧(16　)が(17　)をもたらすと，年月の経過を記録することが始まった。また，高句麗の僧(18　)は彩色・紙・墨の技法を伝えた。

2 ── 白鳳文化

❶ 大化改新から平城京遷都までの律令国家建設期の文化で，唐初期の影響を受けた，清新で若々しい文化を(19　)という。

❷ 東大寺建立以前に官寺の筆頭であったのは(20　)である。(21　)は天武天皇が皇后の病気平癒を祈って藤原京に創建し，平城京遷都とともに現在地の奈良市西ノ京に移された。

❸ 薬師寺金堂の代表的な仏像は(22　)で，台座に西域芸術の影響を受けている。同寺東院堂の代表的仏像は(23　)である。また，(24　)はもと山田寺薬師三尊の本尊頭部と推定されている。いずれも金銅像である。

❹ 白鳳期の建築は「凍れる音楽」とも形容される(25　)が名高い。三重塔の各層には(26　)がつけられ，(27　)には飛天に雲をはわせた金銅製の透彫りが施されている。

❺ インドや西域の影響が認められる白鳳期の絵画であった(28　)は，1949年にその大部分を焼損した。また，1972年奈良県明日香村にある(29　)の石槨内に発見された壁画は7世紀末から8世紀初め頃のものと推定され，高句麗の影響が認められる。

❻ 天武天皇の皇子で天皇の死後に謀反の疑いで捕らえられて自殺した(30　)は漢詩文に秀で，白鳳期の歌人としては，雄大・荘厳な長歌を残し，後世まで歌聖といわれた(31　)がいる。女流歌人としては(32　)が名高く，『万葉集』に12首を残している。

3 ── 天平文化

❶ 平城京を中心に栄えた高度な貴族文化は，聖武天皇の時の年号をとって(33   )と呼ばれる。この文化は唐の最盛期の影響を強く受けた国際色豊かな性格をもつ。

❷ 仏の力で政界の不安を除き，天災地変から国家を守ろうとした思想は(34   )と呼ばれる。僧侶は法会や祈禱をおこなうとともに仏教理論の研究を進め，(35   )と呼ばれる諸学派が形成された。

❸ 禁じられていた民衆への布教をおこない国家から取締りを受けたが，農民のために用水施設や救済施設などをつくり，布教と社会事業に尽くした(36   )のような僧もいた。彼はのち大僧正に任ぜられ，聖武天皇の(37   )造営事業にも協力した。

❹ 光明皇后は(38   )や施薬院を設けて貧民救済に当たった。また，和気広虫は孤児を養育したといわれる。称徳天皇は恵美押勝の乱ののち，法隆寺などの十大寺に陀羅尼経を入れた(39   )をおさめた。

❺ 失敗を重ね盲目になりながら6度目に来日に成功した唐僧の(40   )は戒律を伝えた。彼の渡航については淡海三船撰の『唐大和上東征伝』に記述されている。彼は，東大寺に初めて戒壇を設け，759年には(41   )を創建した。

❻ 平城宮の朝集殿を移したことで知られる(42   )は，奈良時代の宮廷建築の唯一の遺構である。また，正倉院宝庫は(43   )の建築様式の最大・最古の例とされ，寺院の倉庫のありさまを今日に伝えている。

❼ 東大寺創建当初の建物とされる(44   )の本尊不空羂索観音像は，木の原型の上に麻布を貼り，漆で塗り固めてつくった(45   )であり，その両脇の日光・月光菩薩像は，木を芯として粘土を塗り固めてつくった(46   )である。

❽ 乾漆像には，興福寺の八部衆像の1つで三面六臂(手が6本)の(47   )や肖像彫刻の傑作とされる唐招提寺の(48   )，塑像には，東大寺法華堂の秘仏(49   )や同寺戒壇院の四天王像などがある。

❾ 福徳をつかさどる女神を描いた仏画として「(50   )」があり，唐風の天衣をひるがえした姿が注目される。世俗画では，樹下に唐衣装の美女を配する「(51   )」が有名である。

❿ 元明天皇の712年に完成した『古事記』は，天武天皇の命令により(52   )が暗唱した神話・伝承を，元明天皇の命を受けた(53   )が筆録したもので，神代から推古天皇に至るまでの天皇系譜や天皇家の伝承がまとめられている。

⓫ 713年，政府の地誌編纂命令に応じて，諸国が献上したのが風土記である。このうち，完本で現存するのは『(54   )』だけで，一部が伝わるものに常陸・播磨・肥前・豊後の各国のものがある。

⓬ 720年に完成した『日本書紀』は，(55   )を編纂の中心とし，中国の歴史書の体裁にならって漢文を用いた編年体で記されたもので，「六国史」の最初となった。

⓭ 現存最古の漢詩集は『(56   )』である。文人として著名な(57   )は芸亭という図書館をつくり，学問をする人びとに開放した。和歌の世界では山上憶良・山部赤人・大伴旅人らの歌人が出た。彼らの作品は『(58   )』に載せられている。

6 平安初期の政治と摂関政治

1 ── 平安初期の政治改革

	政治	令外官
桓武天皇	〔遷都〕 784 **長岡京**遷都→藤原種継暗殺→早良親王らを排斥 794 **平安京**遷都→山背国を山城国と改める 〔地方政治の立直し〕 792 **健児**の制(軍団を廃止し、郡司の子弟を採用) 〔税負担の軽減〕 　雑徭の半減(年間60日→30日) 　公出挙の利息(5割→3割) 　班田を6年→12年に1度実施(一紀一班)に変更 805 **徳政相論**…軍事と造作をめぐる藤原緒嗣と菅野真道の論争	〔勘解由使〕 国司交替の際に出される解由状を審査 〔征夷大将軍〕 蝦夷征討に派遣 ↓ **坂上田村麻呂**を任命
嵯峨天皇	〔事件〕 810 **平城太上天皇の変(薬子の変)**→北家台頭のきっかけ 〔法制整備〕格(修正法)、式(施行細則) 弘仁格式の編纂→**三代格式**(弘仁・貞観・延喜)のはじめ 〔国家財政難への対応〕 823　大宰府管内に**公営田**(国家直営田)を設け財源とした 〔のち、**官田**(元慶官田)・勅旨田・諸司田などが設けられる〕	〔蔵人頭〕 天皇の秘書官長 ↓ **藤原冬嗣**(北家)が就任 〔検非違使〕 京内の警備・裁判

780	**伊治呰麻呂**の乱→**多賀城**を攻め、焼く
789	征東大使紀古佐美による蝦夷制圧失敗 →族長**阿弖流為**の活躍により大敗
802	征夷大将軍坂上田村麻呂の蝦夷制圧 →阿弖流為を帰順させ、鎮守府を多賀城から**胆沢城**へ移す
803	**志波城**を築城し、東北経営の拠点に
813	征夷将軍文室綿麻呂を派遣し、最後の城柵である徳丹城を築く

東北関係要図

2 ── 摂関政治の特質

藤原氏北家(藤原房前が祖)の発展

北家	天皇	年代	事件・事柄
冬嗣	嵯峨	810	**蔵人頭**に就任→天皇家と姻戚関係を結ぶ

6 平安初期の政治と摂関政治

良房	清和	842	承和の変…伴(大伴)健岑・橘逸勢(三筆の1人)らを排斥
		858	清和天皇が9歳で即位→良房(天皇の外祖父)が摂政の任をつとめる
		866	応天門の変…大納言伴善男が左大臣源信(嵯峨天皇の皇子)に罪を負わせようとして発覚し,流罪→伴・紀両氏の没落
基経	光孝	884	基経をはじめて関白とする
	宇多	887	宇多天皇が即位
		888	阿衡の紛議…基経は宇多天皇が出した勅書に抗議し,撤回させる →関白の政治的地位を確立
		891	基経の死後,宇多天皇は菅原道真を重用
		894	遣唐使の中止←唐の疲弊と航路の危険
時平	醍醐	901	時平の策謀により菅原道真は右大臣から大宰権帥に左遷 →菅原道真は大宰府で死去→祟りを恐れ,京都に北野天満宮を創建
		902	延喜の荘園整理令…最初の荘園整理令,最後の班田の年 文化事業に尽力:『日本三代実録』(六国史の最後),『延喜格式』(最後の格式),『古今和歌集』(最初の勅撰和歌集)を編纂
	醍醐〔親政〕	914	三善清行「意見封事十二箇条」を奏上←地方政治の混乱
忠平	朱雀		忠平は摂政・関白に就任し,実権を掌握
	村上〔親政〕	958	乾元大宝の鋳造(本朝〈皇朝〉十二銭の最後) ※醍醐・村上天皇の治世は「延喜・天暦の治」と呼ばれ,理想視された
実頼	円融	969	安和の変…左大臣源高明を左遷→他氏排斥の完了=摂関常置

摂関政治の全盛

藤原道長の時代 (995〜1017)	御堂関白,京都に法成寺(御堂)造営(全盛の様子=藤原実資『小右記』) 4人の娘を后妃=天皇の外戚→一条・三条・後一条の内覧・摂政
藤原頼通の時代 (1017〜68)	宇治殿,宇治に平等院造営 後一条・後朱雀・後冷泉の摂政・関白(50年間)

3 ── 国司の地方支配

成功:私財を出して国司などの官職を得ること
重任:私財を出して国司に再任されること
遙任:任国に行かず国司としての収入だけ得ること　代理人である目代を国衙に派遣
受領:任国に赴任した国司の最上席者→強欲で,重税を課すなど暴政をおこなう
　例)信濃守藤原陳忠「受領ハ倒ルル所ニ土ヲ摑メ」『今昔物語集』
　　　藤原元命…988「尾張国郡司百姓等解」で訴えられた
荘園の集積:初期荘園(墾田地系荘園)→寄進地系荘園
　例)紀伊国桛田荘,肥後国鹿子木荘
不輸の権:免税の権利
　官省符荘:太政官符・民部省符により免税となった荘園
　国免荘:国司から税の免除を認められた荘園
不入の権:検田使などの立入りを拒否できる権利

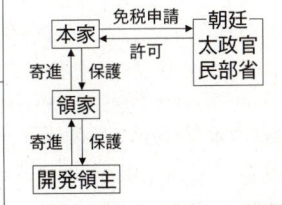

6 平安初期の政治と摂関政治

スピード・チェック

1 ── 平安初期の政治改革

❶ 仏教政治の弊害打破と天皇権力を強化するため，桓武天皇は784年に山背国(1　)に遷都したが，この都の造営責任者であった藤原式家の(2　)が暗殺されたため，794年，和気清麻呂の建議で都を平安京に移した。以後，鎌倉幕府が開かれるまでの400年間を平安時代と呼ぶ。

❷ 蝦夷出身の郡司伊治呰麻呂の多賀城占拠をきっかけに，蝦夷の族長(3　)の反乱が続いたが，征夷大将軍(4　)が鎮圧に成功，802年鎮守府を多賀城から(5　)に移し，翌年には前進基地としてその北方に(6　)を築いた。

❸ 桓武天皇は大宰府などの一部を除き，諸国の軍団を廃止して，新しく郡司の子弟を(7　)に採用した。また，国司が交替する時の事務引継ぎをきびしく監視するために解由状を審査する(8　)を設置した。このような大宝令に定められていない新しい官職を(9　)という。

❹ 810年，平城太上天皇の復位と平城遷都をはかって失敗した(10　)がおこった。この時，嵯峨天皇は秘書官長である(11　)をおき，藤原北家の(12　)をこの職につけた。また，この頃新設された(13　)は，京内の警備をつかさどり，のちには裁判もおこなうようになった。

❺ 律令の条文の補足・改正を格といい，施行細則を式という。格式を編集したものに弘仁格式・貞観格式・延喜格式があり，これらを総称して(14　)という。この中で唯一延喜式だけが完全な形で残っている。

❻ 養老令の政府による注釈書は清原夏野らが編集した『(15　)』であり，惟宗直本がさまざまな令の解釈を私的に集めてまとめたのが『(16　)』である。

❼ 浮浪・逃亡や男性なのに租税負担の軽い女性として戸籍を偽る(17　)の増加によって班田収授の実施が困難になった。そのため，大宰府管内には(18　)，畿内には(19　)という直営田をおき，有力農民を利用して直接管理した。また，中央の官司はそれぞれの財源となる諸司田をもつようになった。

❽ 9世紀には天皇も(20　)と呼ばれる田をもち，皇族にも天皇から賜田が与えられた。天皇と結ぶ皇族や貴族が特権をもつようになり，彼らを院宮王臣家と呼ぶ。

2 ── 摂関政治の特質

❶ 842年におこった藤原氏による他氏排斥事件である(21　)では，三筆の1人でもある(22　)が伊豆へ，伴健岑が隠岐へ配流となった。この後，道康親王(良房の妹順子の子，のちの文徳天皇)が皇太子となった。

❷ 858年，清和天皇が即位すると外祖父であった(23　)は臣下ではじめて事実上の摂政となった。866年の(24　)で左大臣(25　)の失脚をねらったとして伴善男が流罪となり，伴・紀両氏が没落したのち，彼は正式に摂政に就任した。

❸ 884年，光孝天皇の時にはじめて関白となった(26　)は，宇多天皇が出した勅書に抗議し，撤回させた(27　)により，関白としての立場を強化した。
❹ 著名な学者であった(28　)は藤原氏を外戚（母方の親戚）としない宇多天皇に重用され右大臣に就任したが，左大臣(29　)の策謀により大宰府に左遷され，その地で没した。のちに彼の祟りを鎮めるため，京都に北野天満宮が創建された。
❺ 902年，政府は違法な土地所有を禁止するために(30　)を出し，班田を命じたが，班田収授の施行は困難で，この年を最後に班田の史料はみられなくなった。三善清行は「(31　)」を提出して，地方政治の混乱ぶりを明確に指摘した。
❻ 天皇親政をおこなった(32　)天皇と(33　)天皇の治世は，(34　)と呼ばれて理想視されたが，実際は藤原氏が実権を握っていった。
❼ 969年の(35　)で左大臣(36　)が大宰府に左遷され，藤原北家の勢力は不動のものとなった。摂政や関白は常置されるようになり，北家は摂政・関白を出す家柄として(37　)と位置づけられた。
❽ 10世紀後半から11世紀にかけての政治は(38　)と呼ばれ，天皇の(39　)，つまり母方の祖父や叔父が摂政や関白として後見役をつとめた。
❾ (40　)は甥の伊周と争って勝ち，内覧・摂政・太政大臣をつとめ，4人の娘を中宮や皇太子妃として権勢をほこった。さらに，その子(41　)は後一条・後朱雀・後冷泉天皇の外戚として50年間も摂政や関白をつとめ，父とともに藤原氏の全盛期を築いた。

3 ── 国司の地方支配

❶ 寺社の造営費などを朝廷に寄進して官職を得る(42　)や再任される(43　)，国司に任命されても任国におもむかず，かわりに(44　)を派遣して在庁官人を指揮させて収入を得る(45　)も多くなった。
❷ 任国におもむいた最上級の国司は(46　)と呼ばれ，強い権限をふるい，重税をかけて私利をむさぼるものもいた。藤原元命の解任を要求した郡司や有力農民からの上訴文である「(47　)」にも国司の専横ぶりが克明に描かれている。
❸ 名の耕作を請け負う田堵の中には，国司と結んで多数の下人をかかえて大規模な経営をおこなう(48　)が現われた。
❹ 開発領主の中には，税負担を逃れるため，中央の有力者に所領を(49　)し，自身は預所や下司などの(50　)として，所領の支配を続けるものもいた。名目上の荘園領主となった有力者は，一定の年貢や公事を受け取り(51　)と呼ばれた。
❺ 寄進を受けて荘園の領主となったものが，より上位の皇族・貴族・寺社に寄進して権威をかりた場合，上級領主を(52　)と呼び，最初に荘園を寄進された領主を領家と呼んだ。こうした寄進地系荘園としては，紀伊国の(53　)や肥後国の(54　)が有名である。(52　)・領家のうち，実質的な支配権をもつものを(55　)といった。
❻ 「(56　)の権」といわれる税の免除権を獲得した荘園には，太政官符と民部省符によって認められた(57　)と国司が許可した(58　)があった。また，国司が派遣する(59　)などの立ち入りを拒否できる「(60　)の権」を主張する荘園も多くなっていった。

7 院政と平氏政権

1 — 武士団の成長

❶ 武士団の成立

武装	兵の家を形成	
有力農民・豪族, 国衙の在庁官人, 荘官 治安維持, 支配権の確保	⇒	一族の首長は家子(一族)や郎党(従者)を率いて団結

棟梁＝桓武平氏・清和源氏
滝口の武士…宮中警備
追捕使…盗賊・反乱者の追捕に派遣
押領使…内乱時に地方武士と兵士を統率

❷ 地方の争乱…中央政府は地方武士の実力を認識

939	平将門の乱	下総猿島, 鎮定…藤原秀郷・平貞盛	⎫ 天慶の乱
939	藤原純友の乱	伊予日振島, 鎮定…小野好古・源経基	⎭
1019	刀伊の来襲	刀伊(女真人)の来襲を大宰権帥藤原隆家が九州の武士を率いて鎮圧	
1028	平忠常の乱	上総 鎮定…源頼信(源満仲の子) ⇨ 源氏の東国進出の契機	
1051〜	前九年合戦	陸奥, 源頼義・源義家らが清原氏の助けを得て安倍氏を滅ぼす	
1083〜	後三年合戦	陸奥, 源義家が藤原清衡を助けて清原氏一族の内紛を平定	
		⇨ 平泉の奥州藤原氏繁栄の契機　源氏は東国武士団の棟梁に	

2 — 院政の展開

❶ 後三条天皇の親政…藤原氏を外戚とせず, 関白をおかない

延久の荘園整理令(1069)…記録荘園券契所の設置　大江匡房を登用
　寛徳2(1045)年以降に成立した荘園を停止　　⎫ 摂関家領も対象
　それ以前に成立していても, 券契不分明な荘園を停止　⎭
　　↓ 荘園と公領(国衙領)の区別が明確化
荘園公領制…荘園と公領(郡・郷・保に再編成)で構成される体制
宣旨枡…枡の大きさの統一

❷ 院政(上皇による政治)…**白河・鳥羽・後白河**の3上皇でおこなわれ, 約100年間も続いた

政治	開始	1086　白河天皇→堀河天皇に譲位後も上皇(院)として実権…**治天の君**
	政務	院庁で院司(富裕な受領など, 上皇の側近→**院近臣**)が執務
	命令	**院庁下文**…院庁からだされる文書
		院宣…上皇の命令を伝える文書
	警備	**北面の武士**…白河上皇の時に設置
経済	院政期の社会…**知行国**の制度が広まる　　不輸・不入の荘園が一般化
	院政の経済基盤…院分国, 寄進地系荘園(**八条院領・長講堂領**)
	成功・重任などの売位売官

宗教	法皇(出家した上皇)…さかんに造寺・造仏,熊野詣,高野詣
	六勝寺…法勝寺(白河天皇),尊勝寺(堀河天皇)ほか
	強訴…南都(興福寺→春日神社の神木),北嶺(延暦寺→日吉神社の神輿)
	武士を用いての警備や鎮圧→武士が中央政界へ進出

2 保元・平治の乱

伊勢・伊賀を地盤とする桓武平氏(**伊勢平氏**)一族の発展
　　平正盛←白河院の信任　　平忠盛←鳥羽院の信任　　**平清盛**←後白河天皇の支持

1156　**保元の乱**
　　契機…天皇家,藤原氏の家督継承争い

	天皇家	藤原氏	平氏	源氏
天皇方	後白河天皇(弟)	藤原忠通(兄)	平清盛(甥)	源義朝(兄)
上皇方	崇徳上皇(兄)	藤原頼長(弟)	平忠正(叔父)	源為義(父)・為朝(弟)

　　結果…後白河天皇方が勝利,崇徳上皇の讃岐配流,為義ら処刑

1159　**平治の乱**
　　契機…後白河上皇の院近臣間の対立,平氏と源氏の対立→源義朝挙兵→**藤原通憲**の自殺

院近臣の藤原氏	武士
藤原通憲(信西)	平氏⇒清盛・重盛・頼盛
藤原信頼	源氏⇒義朝・義平・頼朝

　　結果…清盛の勝利→平氏政権成立
　　　　　義朝の敗死,頼朝の伊豆配流
　　　　　※貴族内部の争いを武士の実力で解決

3 ── 平氏政権(六波羅政権)

1167	清盛,太政大臣就任
1177	**鹿ヶ谷の陰謀**…藤原成親・僧俊寛らによる平氏打倒計画→失敗
1179	後白河法皇を鳥羽殿へ幽閉…院政,一時停止
1180	**安徳天皇**(3歳)即位⇒清盛は天皇の外祖父

公家的性格…院近臣出身,荘園(500余カ所)・知行国所有(28カ国),
　　　　　　高位高官の占有,外戚政策(清盛の娘徳子→高倉天皇の中宮・安徳天皇の母)

武家的性格…武士の棟梁,**地頭**の補任,畿内・西国の武士を家人化,日宋貿易

日宋貿易
　　厳島神社(航海の神)を氏神として祀る
　　音戸の瀬戸の開削・**大輪田泊**(現,神戸市)の修築…宋船が直接畿内へ
　　　輸出…金・水銀・硫黄・漆器・刀剣
　　　輸入…**宋銭**・陶磁器・香料・書籍

7 院政と平氏政権

スピード・チェック

1 ── 武士団の成長

❶ 地方政治が変質する中で、地方豪族や有力農民は、治安維持や勢力を拡大するため、同族である(1   )や、従者である(2   )を武装させ、(3   )を形成した。彼らはさらに中央貴族の血をひくものを(4   )にいただき武士団に成長した。

❷ 下総を根拠にしていた(5   )は、一族と私闘を繰り返すうちに、国司に反抗していた豪族と手を結び、939年に反乱をおこした。彼は関東の大半を制圧して(6   )と称したが、藤原秀郷や(7   )に平定された。

❸ もと伊予国司の(8   )は瀬戸内海の海賊を率いて反乱をおこしたが、小野好古と源経基によって平定された。しかし、この乱を通じて朝廷の軍事力の低下は明らかとなり、地方武士の組織はますます強化された。

❹ 1019年、沿海州に住む(9   )と呼ばれる女真人が船50余艘で対馬・壱岐から博多湾に侵入し、都の貴族たちを驚かした。大宰権帥(10   )らは九州の地方武士団を率いてこれを撃退した。

❺ 11世紀前半に源氏の東国進出のきっかけとなった(11   )がおこった。また、1051年から東北地方で安倍氏の反乱である(12   )がおきると、出羽の豪族清原氏の助けを得た(13   )父子はこの乱を平定した。

❻ 清原氏一族に内紛がおきると、陸奥守(14   )は(15   )を助けてこれを平定した。このち、陸奥の(16   )を根拠地とする奥州藤原氏は3代100年にわたって京都の文化を取り入れたり、北方とも交易して独自の文化を育てた。

2 ── 院政の展開

❶ 時の摂政・関白を外戚としない後三条天皇は、荘園の増加が(17   )を圧迫することを心配して、(18   )年に(19   )を出した。これにより太政官に(20   )という役所を設けて証拠文書を調査し、基準にあわない荘園を停止した。

❷ 摂関家をはばかることなく国政改革に取り組んだ後三条天皇は、紀伝道の家系で有職故実に詳しい(21   )を登用したり、後世まで容積の基準となった(22   )を定めたりしたことでも知られる。

❸ 白河上皇は(23   )年に院政を開始した。これは幼少の(24   )天皇に譲位したのち、みずから上皇として(25   )を開き、天皇を後見しながら政治の実権を握るものであった。また、(26   )をおいて警固にあたらせ、権力を強化した。

❹ 譲位後に(27   )として院政をおこなえたのは、天皇の直系尊属(父・祖父など)に限られていた。天皇は皇太子同然となり、摂政・関白も実権を失った。このため、上皇(法皇)の周辺には富裕な受領や后妃や乳母の一族が集まり、(28   )が形成された。

❺ 高級貴族に一国の支配権を与え、その国からの収益を取得させる(29   )の制度と寄進された大量の院領荘園は院政を支える基盤となった。律令制の建て前では天皇にはで

きなかったことを，治天の君は自由におこなっていったのである。

❻ 院政の経済的基盤となった寄進地系荘園のうち，白河上皇についで院政をおこなった(30　)が皇女に伝えた(31　)は平安時代末に約100カ所，そのつぎの(32　)が持仏堂に寄進した(33　)は鎌倉時代初めに90カ所にのぼった。

❼ 院政下では院政を執行する役所から出される公文書の(34　)や上皇の命令を直接伝える(35　)がしだいに権威をもち，それぞれ，太政官符や詔勅・宣旨に相当する役割を果たした。

❽ 平安時代後期，白河天皇の(36　)をはじめ，天皇家の発願で建てられた6つの寺を(37　)という。寺社参詣もさかんで，紀伊の熊野詣や高野詣が繰り返された。これらの費用を調達するために，成功などの売位・売官がしばしばおこなわれた。

❾ 京都・奈良の大寺院の雑役に服する大衆（下級の僧侶）が武装して(38　)となり，荘園支配をめぐって国司と争い，神木や神輿を先頭に立てて朝廷に(39　)をおこなった。貴族は神仏の威を恐れてこれを抑えきれなかった。

❿ 奈良にある藤原氏の氏寺興福寺(40　)の僧兵（奈良法師）は，(41　)の神木をもち出し，京都の鬼門の方角にそびえる比叡山延暦寺(42　)の僧兵（山法師）は，日吉神社の神輿をかつぎ出して主張をとおそうとした。

⓫ 内紛のために衰え始めた清和源氏に対して，伊勢・伊賀を地盤とする桓武平氏の一族が白河院・鳥羽院と結んで発展してきた。平正盛の子の(43　)は，山陽・南海の海賊を討った功績によって昇殿を許され，平氏繁栄の基礎を固めた。

⓬ 1156年，崇徳上皇・後白河天皇兄弟の対立が深まり，(44　)がおこった。関白(45　)は後白河天皇方についたが，弟の頼長は崇徳上皇方について敗死した。また，源義親の子の(46　)も敗れて処刑された。

⓭ (47　)年の平治の乱では平清盛に対して源氏が挙兵した。この時，(48　)の側近で清盛と結んで権勢をほこっていた(49　)は自殺した。源頼朝の父の(50　)は敗れ，東国に逃れる途中，尾張で謀殺された。

3 ── 平氏政権（六波羅政権）

❶ 平治の乱後，平清盛は急速に昇進し，武士としてはじめて(51　)の位まで昇った。娘(52　)は高倉天皇の中宮になり，のちの(53　)天皇の母となった。

❷ 1177年，後白河法皇の側近たちは京都近郊の(54　)で平氏打倒の密議をこらしたが失敗した。1179年，清盛は法皇を幽閉し，関白以下の官職を奪うなど，きびしい処罰をおこなった。

❸ 全盛時代の平氏は，一門の所領500余カ所，(55　)は全国の約半数に及び，一族・家人をその荘官や国司に任命した。また，現在の神戸港西部にあたる(56　)を修築し，日宋貿易による富を手に入れた。

❹ 権力を強めた田堵などは，年貢・公事・夫役などを領主に納める有力農民となり，12世紀頃からは(57　)と呼ばれるようになった。

29

8　弘仁・貞観，国風文化と院政期の文化

1── 弘仁・貞観文化

特色	①晩唐文化の影響　②密教の流行　③貴族中心　④文章経国思想
仏教	新仏教の興隆〔**密教**…**加持祈禱**で現世利益を期待〕→天皇家・貴族に流行 **天台宗**…**最澄**により開立，法華経中心　　　　**真言宗**…**空海**により開立 **比叡山延暦寺**〔仏教の学問の中心〕　　　　　　**教王護国寺**（東寺）←東密 『**顕戒論**』…大乗戒壇設立を要望　　　　　　　　**高野山金剛峰寺** **円仁**…山門派の祖→延暦寺　　　　　　　　　　　『**三教指帰**』…儒教・仏教・道教の中で **円珍**…寺門派の祖→園城寺（三井寺）　　　　　　　　　　　　　　の仏教の優位を説いた ※密教を本格的に導入←台密 在来信仰との融合　**神仏習合**…神前読経・神宮寺・僧形八幡神像 　　　　　　　　　**修験道**…山岳信仰（吉野の大峰山・北陸の白山など）
密教美術	建築　**室生寺金堂**・五重塔…山間部にある自由な伽藍配置・檜皮葺・杮葺など 彫刻　**一木造→観心寺如意輪観音像**，室生寺弥勒堂釈迦如来坐像 　　　**翻波式**→元興寺薬師如来像，室生寺金堂釈迦如来像 絵画　**曼荼羅**…密教が重視する仏教世界を構図で説明 　　　　　　　　神護寺両界曼荼羅，**教王護国寺両界曼荼羅**など 　　　園城寺不動明王像（黄不動）…不動明王像の信仰
漢文学	**文章経国**の思想…文芸中心に国家の隆盛をめざす 歴史書　六国史のうち『**続日本紀**』から『**日本三代実録**』までの5書 漢詩集　『**凌雲集**』『**文華秀麗集**』←嵯峨天皇の命じた勅撰漢詩文集 　　　　『**経国集**』…淳和天皇の命じた勅撰漢詩文集 　　　　『**文鏡秘府論**』（漢詩文作成の評論），『**性霊集**』（漢詩文集）←空海 唐様の書　**三筆**〔嵯峨天皇・空海『**風信帖**』・橘逸勢〕
教育など	大学別曹　　　　　　　　　　　　　　　　　　　　庶民教育＝**綜芸種智院** **弘文院**　800〜808頃　**和気広世**（清麻呂の子）が設立　　（828頃　空海） **勧学院**　821　　　　**藤原冬嗣**が設立　　　　　　　　　儀式＝『弘仁儀式』 **学館院**　844頃　　　**橘嘉智子**（檀林皇后）が設立　　　　　　　『貞観儀式』 **奨学院**　881　　　　**在原行平**が設立　　　　　　　　　　　　　『延喜儀式』

2── 国風文化

特色	①日本風の貴族文化…摂関政治期が中心　②かな文字の発達　③浄土教信仰
	かな文字…11世紀はじめ，平がな，片かなの字形が一定 和歌 ⇨ **六歌仙**…在原業平・小野小町・僧喜撰・僧正遍昭・文屋康秀・大友黒主

8 弘仁・貞観, 国風文化と院政期の文化

国文学	朗詠	『古今和歌集』(905)…最初の勅撰和歌集, 紀貫之ら編集→八代集のはじめ
		『和漢朗詠集』(藤原公任撰)
	物語	『竹取物語』(最古の物語文学), 『伊勢物語』(歌物語, 在原業平が主人公),
		『源氏物語』(紫式部)─一条天皇の中宮彰子〔道長の娘〕に仕える),
	随筆	『枕草子』(清少納言)─一条天皇の中宮定子〔道長の兄の娘〕に仕える)
	日記	『土佐日記』(かな日記の最初, 紀貫之), 『蜻蛉日記』(藤原道綱の母),
		『和泉式部日記』, 『紫式部日記』, 『更級日記』(菅原孝標の女),
		『小右記』(藤原実資), 『御堂関白記』(藤原道長)

仏教	神仏習合	本地垂迹説…仏が神の姿で現われ民衆を教化すると考える思想
	御霊信仰	御霊会(怨霊・疫神を鎮め災厄を除ける儀式)→北野天満宮・祇園社
	浄土教	阿弥陀仏を信仰, 極楽浄土への往生願う→来世での幸福
	背景	末法思想〔正法・像法・末法, 末法第一年=永承7(1052)年〕
	布教	空也=市聖, 市の念仏(民間布教)
		源信(恵心僧都)の『往生要集』
	往生伝	『日本往生極楽記』(慶滋保胤), 『拾遺往生伝』(三善為康)

国風美術	寝殿造	白木造・檜皮葺…東三条殿など
	大和絵	巨勢金岡ら, 襖・屏風に, おだやかな彩色で日本の風物を描く
	蒔絵	漆工芸の一種。屋内調度品に漆で文様・金銀で蒔きつけ
	和様の書	三跡(蹟)〔小野道風・藤原佐理・藤原行成〕優美・字形円満
	阿弥陀堂	法成寺御堂(道長, 現存せず)・平等院鳳凰堂(頼通, 1053落成)
	彫刻	寄木造 定朝 平等院鳳凰堂阿弥陀如来像
	来迎図	高野山聖衆来迎図など

生活	装束	男性…束帯・衣冠・直衣・狩衣, 女性…女房装束(十二単)・小袿
	成人式	男性…元服, 女性…裳着 精神生活 物忌・方違(陰陽道の影響)

3 ── 院政期の文化

特色	①武士・庶民の成長→貴族層が地方文化の受容 ②浄土教思想の地方拡大	
歌舞	今様	流行歌謡, 白拍子がはやらせる 『梁塵秘抄』…後白河法皇が今様を集成
	催馬楽	古代歌謡から発達した舞をともなわない歌謡
	猿楽・田楽	庶民の芸能→貴族にも流行
文学	説話集	『今昔物語集』…仏教・民間説話の集大成←和漢混淆文
	軍記物語	『将門記』…平将門の乱の過程を描写
		『陸奥話記』…前九年合戦の経過を描写
	歴史物語	『栄花(華)物語』…藤原道長の栄華を中心に編年体で描く
		『大鏡』…文徳〜後一条天皇の時代を客観的に紀伝体で描く
		『今鏡』…『大鏡』のあと, 後一条〜高倉天皇の間の歴史
絵巻物	『源氏物語絵巻』…引目鉤鼻・吹抜屋台の手法がとられた絵巻物	
	『伴大納言絵巻』…応天門の変を扱った絵巻物	
	『信貴山縁起絵巻』…命蓮上人にまつわる不思議な霊験を描いた絵巻物	
	『鳥獣戯画』…動物の擬人化で貴族・僧社会を風刺した絵巻物	
装飾経	『扇面古写経』(四天王寺), 平家納経(厳島神社)	
阿弥陀堂建築	中尊寺金色堂(藤原清衡, 平泉), 白水阿弥陀堂(陸奥), 富貴寺大堂(豊後)	

8 弘仁・貞観，国風文化と院政期の文化

スピード・チェック

1 ── 弘仁・貞観文化

❶ 文章経国の思想が広まり漢文学が発展し，仏教では密教がさかんになった。平安遷都から9世紀末頃までの文化を，嵯峨・清和天皇の時の年号から(1　　)と呼ぶ。

❷ 最澄は天台宗を伝えて，比叡山(2　　)を開いた。空海は密教を伝えて(3　　)を開き，高野山の金剛峰寺や京都の(4　　)でこれを広めた。

❸ 天台宗は本来顕教であったが，最澄の弟子の円仁，(5　　)の時代に密教化が進み，台密と呼ばれるようになった。10世紀末，円仁系の(6　　)と円珍系の寺門派に分裂した。

❹ 密教は古くからの山岳信仰と結びつき，(7　　)となった。女人高野ともいわれる(8　　)は，山地を開いて建てられ，金堂は平安初期の建築遺構の数少ない例である。

❺ 彫刻では頭部と胴体とを一本の材からつくる(9　　)の技法がとられ，衣文のひだとひだのあいだに小さいひだを彫り込む(10　　)の彫法が多く用いられた。観心寺の(11　　)は平安初期の密教彫刻の代表作である。

❻ 密教では，災いを避け，幸福を求める(12　　)のために秘密の呪法や加持祈禱がさかんにおこなわれた。密教が重んじる仏教世界を構図化した絵画が(13　　)であり，神護寺や教王護国寺所蔵のものが代表的である。

❼ 神社の境内に神宮寺が建てられたり，神前で読経がおこなわれるなど，(14　　)の風潮はしだいに強まった。薬師寺の鎮守である休丘八幡宮の神体として9世紀末につくられたとみられる(15　　)もこの傾向が強かったことの証である。

❽ 最初の勅撰漢詩文集『(16　　)』や，空海の漢詩文を弟子が編集した『(17　　)』は，平安初期の漢文学の隆盛をよく示している。力強い書風をもつ唐風書道もさかんで，空海・嵯峨天皇・(18　　)は三筆と称される。

❾ 空海は庶民教育を目的として京都に(19　　)を設置した。また，有力氏族は一族の子弟を寄宿させ，大学で試験や講義が受けやすいように大学別曹を設けた。和気氏の(20　　)・藤原氏の(21　　)・在原氏の奨学院・橘氏の学館院は有名である。

2 ── 国風文化

❶ 大陸文化を日本の風土や思想に調和させようとする文化の国風化のきざしは，9世紀中頃からあったが，10世紀以降に急速に進み，(22　　)政治期には国風文化となった。

❷ 漢字を草書体に崩し，簡略化した(23　　)が生まれたため，国文学がさかんになった。(24　　)の命で最初の勅撰和歌集である『(25　　)』が編集され，伝奇的な説話の中に貴族社会の内面を描写した『(26　　)』は最古の物語文学とされる。

❸ 最初のかな日記は『(27　　)』，王朝文学の最高傑作といわれるのは『(28　　)』である。(29　　)は随筆『枕草子』を，右大将道綱の母は『(30　　)』を，菅原孝標の女は一生の回想録である『更級日記』を著した。また，書道では優雅な書風をもつ和様の小野道風・藤原佐理・藤原行成が活躍し，3人を総称して(31　　)と呼んだ。

❹ 神の信仰と仏教の信仰の融合は一層進み，仏が本体で神は民衆を教化するため仮に姿を現わしたものとする(32　)が生まれた。のちに，天照大神は大日如来の化身と解釈するなど，特定の仏を想定するようになった。

❺ 極楽浄土への往生を願う(33　)は，10世紀以降に発達し，貴族や庶民のあいだにも広まった。(34　)はこの教えを庶民層へ広めて「市聖」と呼ばれ，(35　)は『往生要集』を著して浄土信仰の根拠を示し，慶滋保胤は『(36　)』を著した。

❻ 来世での幸福を説く教えが流行したが，その流行に拍車をかけた予言的年代観が(37　)思想である。釈迦の死後に正法・像法を経て，仏法のおとろえる乱れた世が1万年続くと考えられ，その乱れた世は(38　)年にはじまると信じられた。

❼ 藤原頼通が宇治に建立した(39　)の本尊阿弥陀如来像は，(40　)がつくった。その彫刻様式は(41　)である。同様の建築・彫刻に，法界寺阿弥陀堂やその本尊の阿弥陀如来像があげられる。

❽ 往生しようとする人びとを迎えるために，仏が来臨する場面を描いた高野山の三幅の絵画が(42　)である。同様の図は多く，ほとんどが雲に乗った阿弥陀仏が菩薩を従えた構図である。

❾ 貴族の邸宅は檜皮葺・白木造の(43　)で，襖や屏風には大和絵が描かれた。初期の大和絵の画家としては(44　)が知られる。また，貴族の服装も唐風のものから日本風の優美なものとなり，男性の正装は束帯，女性の正装は(45　)となった。

3 ── 院政期の文化

❶ 後白河法皇は，民間の流行歌謡である(46　)や催馬楽を撰集して『(47　)』をつくった。同時代の文学には，『大鏡』や『栄花(華)物語』といったかな書きの(48　)や，インド・中国・日本の説話などを集めた『(49　)』があげられる。

❷ 中世に発達する軍記物語の先駆けとして，最初の合戦記である『(50　)』や前九年合戦の経過について記した『(51　)』が現われた。中世のものが流麗な和漢混淆文であるのに対し，これらは漢文体で記してある。

❸ 奈良時代に伝来した雑芸に由来するという(52　)は，滑稽を主とした雑芸である。田植えの時に豊作を祈る(53　)は貴族にも流行した。

❹ 院政期に国風文化が地方へ普及していった例として，各地の阿弥陀堂建築があげられる。藤原清衡が奥州平泉に創建した(54　)，大分県豊後高田市の富貴寺大堂，福島県いわき市の(55　)などがそれである。

❺ 大和絵の発達は写経にも影響を与えた。四天王寺の(56　)は下絵に大和絵の手法で京の市中の民衆生活を描いているので，当時の庶民風俗を知る貴重な資料となる。また，平氏が厳島神社に奉納した(57　)にも大和絵が描かれている。

❻ 絵と詞書とで物語が進行する絵巻物は，大和絵と文学とを結合させた。ある物語の象徴的な場面を引目鉤鼻・吹抜屋台の手法で描いた『(58　)』，応天門の変を題材にして描いた『(59　)』，大和山中の庶民の信仰・生活・風俗を描写しつつ，僧命蓮の奇行を述べた『(60　)』や，動物を擬人化していきいきと描いた『(61　)』が有名である。

9 鎌倉幕府の成立

1 ── 鎌倉幕府の成立と構造
1 治承・寿永の乱～鎌倉幕府の成立

年	月		事項
1180	5月	治承・寿永の乱	以仁王・源頼朝ら挙兵,敗死→平氏追討の以仁王の令旨は全国へ
	6月		**福原京**に遷都→大寺院・貴族の反対→京都に還都(11月)
	8月		**源頼朝**,伊豆で挙兵→石橋山で敗北
	10月		頼朝,**鎌倉**を本拠地とする
	11月		頼朝,**侍所**を設置
1181	閏2月		平清盛の死 ※**養和の飢饉**→平氏の軍事力は弱体化
1183	7月		平氏の都落ち,源義仲の入京
	10月		後白河法皇,頼朝の東国支配権を承認(**寿永二年十月宣旨**)
1184	1月		源範頼・義経,義仲を討つ
	2月		摂津一の谷の合戦
	10月		頼朝,**公文所・問注所**を設置
1185	2月		讃岐屋島の合戦
	3月		**長門壇の浦の戦い**…平氏の滅亡
	11月		頼朝,**守護・地頭**の設置を申請→法皇が認可
1189	9月		頼朝,**奥州藤原氏**を滅ぼす
1190	12月		頼朝,権大納言・右近衛大将に就任→すぐに辞任
1191	1月		頼朝,公文所を前右大将**政所**に改変
1192	7月		頼朝,**征夷大将軍**に就任

2 封建的主従関係

```
      将軍(鎌倉殿)
      ↑     ↓
     奉公   御恩
    軍役    本領安堵
    番役
   京都大番役  新恩給与
   鎌倉番役
   関東御公事  官位推挙
     御家人
```

3 鎌倉幕府のしくみ

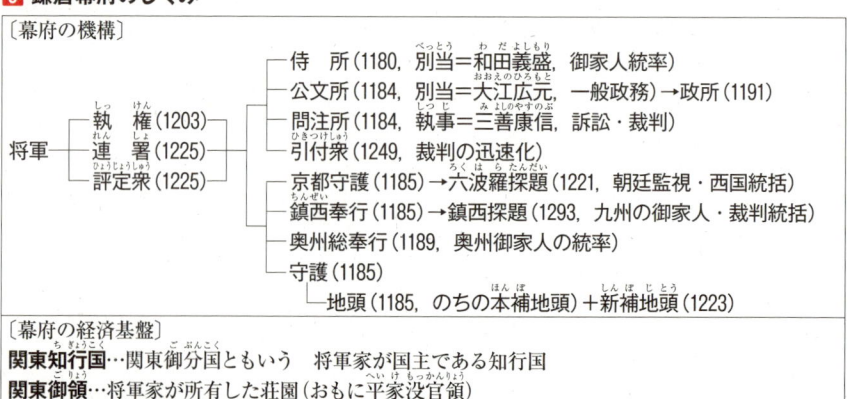

〔幕府の機構〕

将軍 ─ 執 権(1203)
　　　 連 署(1225)
　　　 評定衆(1225)
　　　├ 侍 所(1180,別当=和田義盛,御家人統率)
　　　├ 公文所(1184,別当=大江広元,一般政務)→政所(1191)
　　　├ 問注所(1184,執事=三善康信,訴訟・裁判)
　　　├ 引付衆(1249,裁判の迅速化)
　　　├ 京都守護(1185)→六波羅探題(1221,朝廷監視・西国統括)
　　　├ 鎮西奉行(1185)→鎮西探題(1293,九州の御家人・裁判統括)
　　　├ 奥州総奉行(1189,奥州御家人の統率)
　　　├ 守護(1185)
　　　└ 地頭(1185,のちの**本補地頭**+**新補地頭**(1223)

〔幕府の経済基盤〕
関東知行国…関東御分国ともいう 将軍家が国主である知行国
関東御領…将軍家が所有した荘園(おもに平家没官領)

2 ── 守護と地頭，武士の土地支配
1 守護と地頭

	守護	地頭
設置	各国に1人（東国出身の有力御家人）	荘園・公領に設置
職務	**大犯三カ条**（大番催促，謀叛人逮捕，殺害人逮捕） 在庁官人の統率，国内武士の統率	年貢の徴収・納入 荘園・公領の管理，治安維持
収入	なし	荘官としての収益（地域により違う）

2 武士の農村支配

武士の生活	農村支配の拠点として，周囲に堀・溝や塀をめぐらした**館**を構築 武芸訓練（**犬追物**・**笠懸**・**流鏑馬**や巻狩）→「武家のならい」「兵の道」
武士の土地支配	地頭の支配権拡大の動き（荘園・公領領主とのあいだに争い） └→**地頭請所**（荘園管理・年貢納入の請負），**下地中分**（地頭の領主権の確立）

3 ── 執権政治の展開

執権	年代	事項
時政	1199	源頼朝死去，源頼家将軍就任→頼家の親裁停止→有力御家人ら13人の合議制
	1203	比企能員を討ち，**源頼家**を修禅寺に幽閉→時政，**執権**となる
義時	1213	和田義盛を討つ（和田合戦）→義時，政所・侍所の別当を兼任
	1219	公暁，**源実朝**を暗殺（源氏の正統が断絶）
	1221	承久の乱…**後鳥羽上皇**（西面の武士を新設），北条義時追討の兵を挙げる └→幕府方の勝利→3上皇配流，**六波羅探題**設置，上皇方所領没収
	1223	没収地に**新補地頭**を設置⇔従来の**本補地頭**と区別 ※**新補率法**（新補地頭の得分）を適用 11町につき1町の免田，段別5升の加徴米，山野河海の収益の半分
泰時	1225	**連署**（北条時房）・**評定衆**の設置…合議制による政治
	1226	藤原頼経，将軍となる（藤原将軍，摂家将軍のはじめ）
	1232	**御成敗式目**（貞永式目）の制定 〔基準〕頼朝以来の**先例**と**道理**（武家社会の慣習・道徳）を成文化 〔目的〕訴訟の公正な裁判基準→必要に応じて法令発布（式目追加） 〔範囲〕幕府の勢力範囲→のちに適用範囲が拡大
時頼	1247	宝治合戦…三浦泰村を滅ぼす
	1249	**引付衆**の設置…裁判の迅速化をはかる
	1252	宗尊親王，将軍となる（皇族将軍のはじめ）
時宗	1274	文永の役→異国警固番役の制度化，**石築地**の構築
	1281	弘安の役
貞時	1285	**霜月騒動**…平頼綱（内管領＝御内人代表）が安達泰盛（御家人代表）を滅ぼす 〔背景〕得宗の勢力拡大→御内人の勢力増大→御家人の反発 〔結果〕得宗専制政治の展開（評定衆の形骸化）
	1297	**永仁の徳政令**…御家人所領の質入れや売買を禁止，売却地の無償返還

9 鎌倉幕府の成立

スピード・チェック

1 ── 鎌倉幕府の成立と構造

❶ 1180年，摂津源氏の(1 　　)は，(2 　　)を奉じて挙兵し，平氏追討を呼びかける(2 　　)の令旨を諸国の武士に伝えた。これが契機となって全国的な内乱に発展していった。

❷ 平氏は都を現在の神戸の(3 　　)に移し，支配体制を固めて反乱に対処しようとしたが，伊豆に流されていた(4 　　)が挙兵し，さらに木曽の(5 　　)が挙兵した。

❸ 平氏は総大将である(6 　　)の突然の死や，折からの養和の飢饉などの悪条件が重なり，源義仲に敗れて都落ちし，1185年には，源頼朝の命を受けた弟範頼・(7 　　)らの軍に攻められて長門の(8 　　)で滅亡した。

❹ 源頼朝は，挙兵後は鎌倉に本拠を定めて新しい政権の樹立につとめた。1183年には，平氏の都落ちのあと，後白河法皇から(9 　　)が出され，東海・東山両道の東国の支配権の承認を得た。

❺ 源頼朝は1185年，後白河法皇の義経に出した頼朝追討を撤回させ，諸国に(10 　　)，荘園や公領に(11 　　)を任命する権利，1段当たり5升の兵粮米徴収の権利などを獲得した。

❻ 源頼朝は，1189年に奥州藤原氏を滅ぼし，1192年，後白河法皇の死後(12 　　)に任じられた。こうして(13 　　)が成立してから滅亡するまでの時代を鎌倉時代と呼ぶ。

❼ 幕府支配の根本となったのは将軍と御家人との主従関係であり，土地の給与を通じて結ばれる制度を(14 　　)という。

❽ 御家人は「いざ鎌倉」という戦時には命をかけて戦い，平時には(15 　　)や鎌倉番役などをつとめるなど(16 　　)に励んだ。将軍はこれに対し，先祖伝来の所領を保障する(17 　　)や新たな所領を与える(18 　　)などの(19 　　)を施した。

❾ 幕府の支配機構は簡素で実務的なもので，中央の機関として，御家人を組織・統制する(20 　　)，一般政務や財政を担当する(21 　　)(初めは公文所と呼ばれた)，裁判事務を担当する(22 　　)がおかれた。

❿ 幕府の経済基盤および支配地には，頼朝が朝廷から与えられた(23 　　)(関東御分国ともいう)，平氏の旧領(平家没官領)であった500余カ所におよぶ(24 　　)があった。

2 ── 守護と地頭，武士の土地支配

❶ 守護は原則として各国に1人ずつ有力御家人が任命され，(25 　　)と呼ばれる大番催促，謀叛人・殺害人の逮捕などの職務を任として，国内の御家人を指揮して治安維持と警察権の行使にあたった。

❷ 地頭は御家人の中から任命され，全国の公領や荘園に配置された。任務は土地の管理，(26 　　)や年貢の徴収・納入であったが，しだいに荘園を支配するようになっていった。

❸ 地頭が荘園の支配権を拡大させていくにしたがい，荘園領主との紛争が多くなっていった。紛争を解決するため，地頭に荘園の管理一切を任せて一定額の年貢を請け負わせる(27 　　)の契約を結び，年貢収入を確保しようとする領主たちが現われた。

❹ 地頭の荘園侵略に対して現地を領主と地頭とが折半し、領主が残りの支配権を確保しようとする(28　)の取決めをする方法もおこなわれた。
❺ 農村での武士の日常生活は質素で、周囲に堀・溝や塀をめぐらした(29　)を構え、日頃から犬を追い射る犬追物、笠を的に騎射する(30　)、3つの的をつぎつぎに射る(31　)といった騎射三物、巻狩などの武芸訓練に励んだ。
❻ 武士の日常生活から生まれた「武家のならい」「兵の道」と呼ばれる道徳は、武勇・礼節・廉恥・節倹を特徴とし、のちの(32　)の起源になった。

3 ── 執権政治の展開

❶ 源頼朝の死後、将軍となった2代(33　)、3代(34　)の時代には、御家人間で幕府の主導権争いが激しくなっていった。その中で勢力をのばしたのが、頼朝の妻(35　)の実家の北条氏であった。
❷ (36　)は頼家を幽閉して実朝を将軍とし、みずからも政所の長官として幕府の実権を握った。この地位は(37　)と呼ばれ、子の(38　)に継承された。(38　)は、1213年、(39　)で侍所長官の和田義盛を滅ぼし、政所と侍所の長官を兼ねてその地位を固めた。
❸ 京都の(40　)は、新たに(41　)をおいて、軍事力の増強をはかるなど院政を強化し、朝廷の権威を回復する政策を進めた。
❹ 1221年、後鳥羽上皇は、東国の一部の武士を味方に引き入れ、義時追討の兵を挙げた。しかし、義時の子の(42　)、弟の時房に率いられた幕府軍は京都を攻め、武力に勝る幕府側の勝利に終わった。これを(43　)という。
❺ 承久の乱後、京都に設置された(44　)は、朝廷の監視、尾張(のち三河)以西の御家人統制に当たった。また、上皇方の皇族・武士の所領を没収し、戦功のあった御家人を地頭に任命した。この時に新基準である(45　)を適用された地頭を(46　)という。
❻ 北条泰時は、執権を補佐する(47　)をおき、さらに有力御家人や政務にすぐれた人びとを(48　)に選び、合議制にもとづく政治体制をつくり上げた。
❼ 北条泰時は1232年、最初の体系的な武家法典である(49　)51カ条を制定した。式目は、頼朝以来の先例や(50　)と呼ばれた武家社会の慣習を成文化し、公正な裁判の基準とした。その後、必要に応じて発布された個別の法令は(51　)と呼ばれた。
❽ 将軍は、実朝が殺害されたあと、頼朝の遠縁にあたる摂関家の(52　)が後継者として迎えられ、藤原将軍として2代続くが、のちには後嵯峨天皇の皇子(53　)が皇族将軍として迎えられた。しかし、いずれも実権はなく、名目だけの将軍であった。
❾ 北条時頼は、評定衆のもとに新たに(54　)をおき、裁判の公正と迅速化をはかった。また、(55　)で三浦泰村一族を滅ぼして北条氏の地位をゆるぎないものとした。
❿ 幕府の支配権が全国的に拡大強化されていくと、北条氏の権力はさらに拡大し、なかでも家督を継ぐ(56　)の勢力が強大となっていった。それにつれて(56　)の家来である(57　)の勢力も大きくなり、旧来の御家人と対立するようになっていった。
⓫ 1285年、御内人の代表である内管領平頼綱が、有力御家人の(58　)を滅ぼした(59　)のあとは、(60　)政治が確立し、御家人の不満は高まっていった。

10 南北朝の動乱と室町幕府

1 ── 南北朝の動乱

1 鎌倉末期〜南北朝動乱期の関係年表

年代	事項
	皇統分裂(**持明院統**⇔**大覚寺統**)⇨**両統迭立**(幕府の調停で両統が交代で皇位につく)
1317	文保の和談
1324	正中の変…**後醍醐天皇**の討幕計画→発覚・失敗
1331	元弘の変…後醍醐天皇の討幕計画→発覚・失敗
1332	天皇は隠岐配流→楠木正成・護良親王,各地で蜂起
1333	天皇が隠岐脱出→ 足利高氏(のち尊氏)が六波羅探題を攻略 / 新田義貞が鎌倉を攻略 }→幕府滅亡
	建武の新政
1335	中先代の乱(北条時行)→足利尊氏は独断で東下
1336	尊氏,光明天皇を擁立 ／ 湊川の戦い…楠木正成敗死
	尊氏,**建武式目**の制定 ⇔ 後醍醐天皇,吉野へ逃亡
1338	尊氏,征夷大将軍に就任 ／ 藤島の戦い…新田義貞敗死
	北朝持明院統+室町幕府 ／ **南朝**大覚寺統+**北畠親房**
	南北朝の動乱(単独相続の一般化に伴う血縁集団の分裂が背景)
1350	**観応の擾乱**(〜1352)…幕府の内部分裂(尊氏派⇔直義派)
1352	尊氏,近江・美濃・尾張に半済令を発布
1378	**足利義満**,京都室町に花の御所(室町殿・花営)を造営
1392	**南北朝の合体**→動乱の終結

2 建武政府職制

天皇 ─┬─ 記録所
      ├─ 恩賞方
      ├─ 雑訴決断所
      ├─ 武者所
      ├─ 鎌倉将軍府
      ├─ 陸奥将軍府
      └─ 国司 ／ 守護 併置

※天皇に権限集中 →政務は停滞

3 守護の権限拡大と粛清

	年	事項
鎌倉	1185	大犯三カ条(大番催促,謀叛人・殺害人の逮捕)
	1232	夜討・強盗・山賊などの逮捕
	1310	刈田狼藉(所有権を主張して作物を刈る行為)検断権
南北朝・室町	1346	使節遵行権(裁判判決の強制執行権)
	1352	**半済令**(荘園・公領の年貢半分を兵粮米とする権限)
	1368	半済令(荘園・公領の土地半分を領有する権限)
		→守護はこの権限を活用し,国内の武士を家臣化
	1372	段銭・棟別銭の徴収権
	1390	**守護請**(年貢納入を見返りに現地管理を請負)
		守護大名…一国全体におよぶ地域的支配権を確立

※**国人**とは

〔鎌倉期〕　　〔南北朝期〕
地頭
荘官　　→国人
悪党　　(在地の武士)

※**国人一揆**とは

守護
↕抑圧・家臣化　集団で抵抗
国人＋国人＋国人
↕自治要求　協力して抑制
惣村・土民

2 ── 室町幕府の成立と動揺

1 室町幕府の政治機構

将軍
- 管領（将軍の補佐）… 三管領 細川・斯波・畠山3氏が交代で就任
  - 政所（財政の管理）
  - 侍所（京都警備，刑事裁判）… 四職 赤松・一色・山名・京極4氏が交代で長官（所司）就任
  - 評定衆・引付（訴訟の審議）
- 奉公衆（将軍の直轄軍，御料所を管理）
- 鎌倉府（関八州＋伊豆・甲斐→1392年に陸奥・出羽を追加）
  - 鎌倉公方（関東公方）を関東管領（上杉氏が世襲）が補佐
- 奥州探題（1392年に陸奥国は鎌倉府管轄となり，廃止）
- 羽州探題（1392年に出羽国は鎌倉府管轄となり，廃止）
- 九州探題
- 守護─地頭

2 室町幕府の経済基盤

家臣団への賦課 　御料所（奉公衆が管轄）からの収入 　守護の分担金，地頭・御家人への賦課金 流通・貿易への課税 　関銭・津料 　日明貿易の利益 国家的行事の際の臨時課税 　段銭・棟別銭（田畑や家屋への臨時課税）	金融業への課税 　土倉役・酒屋役，五山献上銭 　高利貸である土倉や酒屋， 　金融活動をおこなう京都五山への課税 徳政令の適用手数料 　分一銭（債務額の1/10支払→徳政適用） 　分一徳政禁制 　（債権額の1/5支払→徳政不適用・債権保護）

3 室町幕府の動揺

将軍	年代	特記事項
義満	1390	土岐康行の乱…美濃・尾張・伊勢3カ国守護土岐康行を滅ぼす
	1391	明徳の乱…山名氏清を滅ぼす→六分の一衆と呼ばれた山名氏の勢力減退
	1399	応永の乱…長門・和泉など6カ国守護大内義弘を滅ぼす→長門・周防2カ国守護
義持	1416	上杉禅秀の乱…前関東管領上杉禅秀，鎌倉府の内紛に乗じて反乱
義教	1438	永享の乱（～39）…鎌倉公方足利持氏の反乱
	1440	結城合戦…結城氏朝が足利持氏の遺児を擁して挙兵
	1441	嘉吉の変…赤松満祐が将軍義教を謀殺→嘉吉の徳政一揆おこる
義政	1455	享徳の乱…鎌倉公方と関東管領の対立→鎌倉公方の分裂（古河公方・堀越公方）
	1467	応仁の乱（～77）…〔背景〕将軍家・畠山斯波両管領家の家督争い

応仁の乱	1468年頃	西軍（西陣が拠点）	東軍（相国寺が拠点）	〔応仁の乱の影響・意義〕
	実力者	山名持豊（宗全）	細川勝元	・京都の荒廃 ・幕府体制崩壊 ・荘園制の解体　下剋上の風潮 ・足軽の登場 　↓ 戦国時代の幕開け
	将軍家	足利義視 （8代将軍義政の弟）	足利義尚 （義政と日野富子の子）	
	畠山家	畠山義就	畠山政長	
	斯波家	斯波義廉	斯波義敏	

10 南北朝の動乱と室町幕府

スピード・チェック

1 ── 南北朝の動乱

❶ 後嵯峨法皇の死後，天皇家は(1   )と(2   )にわかれ，皇位や天皇家領荘園の相続をめぐる争いが続いた。14世紀初め，両統が交代で皇位につく(3   )の方式が定められた。

❷ 大覚寺統から出た(4   )は，天皇親政を進め，意欲的な政治をおこなった。この頃，鎌倉幕府の得宗専制政治に対する御家人の不満がしだいに高まっていた。

❸ 後醍醐天皇は討幕計画を進めたが，1324年に幕府側にもれて失敗した。これを(5   )という。天皇は1331年にも挙兵を企てたが失敗した。これを(6   )という。天皇は翌年(7   )に流され，持明院統の光厳天皇が即位した。

❹ 後醍醐天皇の皇子(8   )や，河内の(9   )が畿内の新興武士などの反幕勢力を結集して蜂起し，幕府軍と戦った。これを制圧するために幕府軍の大将として派遣されていた(10   )は，幕府に背いて京都の六波羅探題を攻略した。

❺ 関東では，(11   )が幕府の本拠地鎌倉を攻め，得宗(12   )以下の北条氏一族を滅ぼした。こうして1333年，鎌倉幕府は滅亡した。

❻ 後醍醐天皇は，幕府が滅びると京都にもどり，院政も摂政・関白も否定し，公武を統一した天皇親政の理想を実現することをめざした。これを(13   )という。

❼ 新政府の機構は，中央に最高機関として記録所や，幕府の引付を受け継いだ所領関係の裁判を担当する(14   )などが設置された。

❽ 幕府政治の再建をめざしていた足利尊氏は，1335年，北条高時の遺児時行のおこした(15   )をきっかけに関東にくだり，新政府に反旗をひるがえした。1336年，尊氏は持明院統の光明天皇を擁立し，幕府を開く目的のもと(16   )を制定した。

❾ 後醍醐天皇は吉野に逃れ，足利尊氏に擁立された持明院統に対し，正統の天皇であることを主張した。こうして，吉野の(17   )と，京都の(18   )とが対立した。

❿ 武士の家督相続は，鎌倉時代後期頃には，(19   )から嫡子1人が家督を継ぐ(20   )が一般的となり，嫡子の立場が庶子と比べて絶対的になっていった。このため血縁的集団は分裂し，双方が北朝と南朝についた事が南北朝の動乱の長期化につながった。

⓫ 幕府の中では，尊氏の執事高師直と尊氏の弟直義が対立し，1350年には武力衝突に発展した。これを(21   )という。

⓬ 足利義満は，京都室町に豪華な(22   )を造営し，ここで政治をおこなったので，この幕府を室町幕府と呼ぶようになった。幕府の機構もこの時代にほぼ整っていった。

⓭ 南北朝の動乱は，1392年，南朝の後亀山天皇が北朝の後小松天皇に譲位する形で終結し，(23   )が実現した。

⓮ 守護は，鎌倉時代以来の(24   )に加え，田畑の所有権を主張して作物を刈りとる(25   )の取締りや，幕府の裁決を強制執行する(26   )，軍費調達のために国内の荘園・公領の年貢の半分を徴発する権利である(27   )などによって権限を拡大していった。

⑮ 年貢の徴収を守護が請け負う(28　)もさかんにおこなわれ、守護はそれぞれの国の国衙の機能も吸収し、一国全体の地域的支配権を確立し、(29　)に成長していった。

⑯ 地頭・荘官などが土着し、領主層に成長した武士を、当時(30　)と呼んだ。彼らは自立の気風が強く、守護の上からの支配に対して抵抗し、自主的に紛争を解決したり、農民支配のために契約を結んだりするなど、地域的な一揆を結んだ。これを(31　)という。

⑰ 室町幕府の体制を固めることに成功した義満は、動乱の中で強大化した守護の統制をはかり、1390年、美濃・尾張・伊勢の守護を兼ねた(32　)を家督相続の混乱に乗じて滅ぼしました。

⑱ 中国、近畿に一族合わせて11カ国を領し、六分の一衆といわれた山名氏清を滅ぼした(33　)、鎌倉公方足利満兼らと呼応して和泉の堺で反乱をおこした大内義弘を滅ぼした(34　)などは、いずれも義満の挑発によって引きおこされた。

2 ── 室町幕府の成立と動揺

❶ 室町幕府にも、政所・侍所などが設けられた。将軍を補佐する(35　)には細川・畠山・斯波氏の有力守護が交代で就任したので(36　)と呼ばれた。侍所の所司には赤松・一色・京極・山名の4氏が交代で就任したので(37　)と呼ばれた。

❷ 幕府は(38　)と呼ばれる直轄軍を編成し、将軍の護衛に当たらせるとともに、直轄領である(39　)の管理をおこなわせた。

❸ 幕府の地方機関としては、東国支配の(40　)、九州支配の九州探題、東北支配には、奥州探題と羽州探題が設置された。

❹ 尊氏の子基氏とその子孫が、鎌倉府の長官(41　)として東国を支配し、(41　)を補佐する(42　)は上杉氏が世襲した。

❺ 幕府の経済基盤は、御料所からの収入、地頭への賦課金のほか、高利貸に対して(43　)や酒屋役を課したり、交通の要所では(44　)を徴収した。また、臨時に田畑に課す(45　)や家屋の棟数に応じて課す棟別銭も徴収された。

❻ 6代将軍となった義教は、将軍権力の強化をねらって、将軍に服従しないものを力でおさえようとした。京都の幕府に敵対的であった鎌倉府に対し、討伐軍を送り鎌倉公方の(46　)を滅ぼした。これを(47　)という。

❼ 義教の専制政治に対して危機感をもった(48　)が、義教を謀殺した(49　)によって、将軍の権威は大きくゆらぎ、弱体化していった。

❽ 1467年にはじまった(50　)は、8代将軍(51　)の後継をめぐって、(51　)と日野富子との間に生まれた義尚と、(51　)の弟の義視が対立し、さらに畠山・斯波の両管領家の相続問題、管領の(52　)と侍所所司の(53　)による幕府の主導権争いが重なり、複雑化し、長期化した。

❾ 応仁の乱で在京して戦った守護大名の領国では、在国して戦った(54　)や有力国人が勢力をのばし、領国の実権はしだいに彼らに移っていった。下のものが上のものをしのいでいく現象がこの時代の特徴であり、これを(55　)といった。

41

11 中世の外交

1 — 鎌倉時代の外交

1 蒙古襲来

執権	年代	事項
	1127	女真人の建国した金の侵攻で、宋（北宋）が滅亡→南遷して南宋を建国
	1206	チンギス＝ハンが即位⇨中央アジアから南ロシアにおよぶモンゴル帝国の出現
	1234	モンゴルが金を滅ぼす
長時	1259	高麗がモンゴルに服属
	1260	**フビライ＝ハン**が即位
時宗	1268	高麗使がフビライの国書をもって大宰府に到着
	1270	高麗で三別抄が反乱（～1273）
	1271	元王朝が成立（都は大都）。幕府が九州に所領をもつ御家人に下向を命令
	1274	**文永の役**…元・高麗軍約3万が博多湾上陸→元軍の集団戦法・新兵器に苦戦
	1275	**異国警固番役**の強化　　　　→損害・内部対立などで元軍撤退
	1276	博多湾岸に防塁（石築地）を築く
	1279	元が南宋を滅ぼす
	1281	**弘安の役**…東路軍（元・高麗）＋江南軍（南宋）約14万が博多湾へ 　　　　　→石築地での防戦、小舟による夜襲→暴風雨により元軍撤退 〔勝因〕①武士の奮戦　　例：肥後国御家人竹崎季長（『蒙古襲来絵巻』） 　　　　②高麗・南宋などの人びとの抵抗
貞時	1286	元が3度目の日本遠征を中止
	1293	鎮西探題の設置

2 琉球とアイヌ

琉球	古代…貝塚文化 12世紀　農耕生活の開始…各地の**按司**がグスクを拠点に勢力拡大 14世紀　三山（山北〈北山〉・中山・山南〈南山〉）の3勢力に分立	
アイヌ	古代…続縄文文化⇨擦文文化・オホーツク文化 13世紀　**アイヌ**文化の誕生…サハリンに住む人びとがモンゴルと交戦 　　　　→津軽の十三湊を拠点にした安藤（安東）氏と交易	

2 — 室町時代の外交

1 倭寇の活動

前期倭寇	14世紀後半	対馬・壱岐・肥前松浦地方の海賊集団…朝鮮半島沿岸を襲撃・略奪
後期倭寇	16世紀後半	明の海禁政策に反する中国人武装密貿易者…日本銀と中国生糸を取引

11　中世の外交

2 中国と朝鮮

将軍	中国との関係		朝鮮との関係	
		1325　鎌倉幕府が元に建長寺船を派遣		
尊氏	1342	元に天龍寺船を派遣	1350	前期倭寇が高麗沿岸に出没
義満	1368	朱元璋(太祖洪武帝)が明を建国	1367	高麗が倭寇禁圧を要請
	1369	明が懐良親王に倭寇禁圧を要請	1392	李成桂が朝鮮建国(高麗滅亡)
	1401	義満が祖阿・肥富らを明に派遣	1398	朝鮮、幕府に遣使、倭寇鎮圧を要請
	1402	倭寇を鎮圧	1401	義満が朝鮮に遣使
	1404	日明貿易の開始		→日朝貿易の開始
		〔方法〕朝貢(勘合貿易)、勘合を使用		〔方法〕対馬の宗氏が仲介
		※義満は「日本国王臣源」と署名		交易は三浦(富山浦・乃而浦・塩浦)と
		中国での滞在費・運搬費は明が負担		漢城におかれた倭館でおこなう
		〔輸出〕刀剣・扇・屛風・銅・硫黄		〔輸出〕銅・硫黄・蘇木・香木
		〔輸入〕銅銭・生糸・陶磁器・書籍		〔輸入〕木綿・大蔵経・朝鮮人参
義持	1411	日明貿易の中断	1419	応永の外寇…朝鮮軍が対馬を襲撃
				→日朝貿易が一時中断
義教	1432	日明貿易の再開		
義勝			1443	癸亥約条(嘉吉条約)
				宗氏の派遣船を年間50隻に制限
義政	1467	応仁の乱(〜1477)		
		幕府衰退		
義稙		〔日明貿易の実権をめぐる対立〕	1510	三浦の乱…三浦居住の日本人が暴動
		大内氏(博多商人) ┐対立		→日朝貿易の衰退
		細川氏(堺商人)　 ┘		
義晴	1523	寧波の乱→大内氏が貿易独占		
義輝	1547	最後の勘合船		
	1551	大内氏滅亡…日明貿易の断絶		
		→後期倭寇の活動が活発化		
	1588	豊臣秀吉が海賊取締令を出して倭寇を禁圧		

3 琉球と蝦夷ヶ島

琉球	1372	中山王察度が明に入貢
	1416	中山王尚巴志が山北を滅ぼす
	1429	尚巴志が山南を滅ぼす→琉球王国の成立(王都は首里、外港は那覇)
		⇨東アジア諸国間の中継貿易で繁栄
	1609	島津氏が琉球王国に侵攻
蝦夷ヶ島	14C	日本海交易の展開(畿内〜津軽十三湊)
		→渡島半島南岸に和人の居住地形成(道南十二館)…アイヌと交易
		志苔館から中国銭39万枚出土
	1457	コシャマインの戦い…和人の圧迫に抵抗→蠣崎氏が鎮圧
	1599	蠣崎氏が松前氏と改称し、蝦夷地を支配

11 スピード・チェック
中世の外交

1 ── 鎌倉時代の外交

❶ 中国北部で女真人が建国した(1)が宋を圧迫した。1127年に宋は本拠を江南に移したので、これ以後の宋を(2)と呼び、平氏政権や鎌倉幕府が通交した。

❷ 13世紀初め、モンゴル高原に(3)が現われ、モンゴル民族を統一し、中央アジアから南ロシアを征服した。ついでその後継者は金を滅ぼし、東ヨーロッパに遠征するなどユーラシア大陸の東西にまたがる大帝国を建設した。

❸ 朝鮮半島では10世紀初めに(4)がおこり、新羅を破って半島を統一したが、日本は正式な国交を開かなかった。(4)は1259年にモンゴルに屈したが、(5)と呼ばれる部隊が1270～73年に大規模な反乱をおこした。

❹ チンギス＝ハンの孫(6)は、都を大都(北京)に移して国号を(7)と定め、服属している高麗を介して、日本に対したびたび朝貢を要求してきた。

❺ 鎌倉幕府の執権(8)は元からの朝貢要求を退け、元の襲来に備えて九州地方に所領をもつ御家人を下向させ、九州北部の警備に当たらせた。

❻ 1274年、元は高麗軍も動員して九州北部の博多湾岸に上陸した。日本側は元軍の集団戦法や、(9)と呼ばれる火薬を使用した兵器などのために苦戦を強いられた。しかし、元軍も損害が大きく、内部対立も生じたため撤退した。この戦いを(10)という。

❼ 幕府は再度の襲来に備えるため、博多湾岸などの要地を御家人に警備させる(11)を強化し、博多湾沿いに(12)を構築させた。

❽ 南宋を滅ぼした元は、1281年、朝鮮半島からの(13)4万人、中国本土からの江南軍10万人を動員し、九州北部にせまったが、石築地などで上陸をはばまれているあいだに暴風雨がおこり、元軍は撤退した。この戦いを(14)という。

❾ 蒙古襲来を防ぐことができた要因として、(15)に描かれた肥後国の御家人(16)のような武士たちの奮戦と、高麗において抵抗を続けた三別抄のようなアジアの人びとの動向があげられる。

❿ 蒙古襲来を機に幕府は西日本一帯に支配力を強め、とくに九州の博多には北条氏一門を(17)として送り、九州地方の政務や裁判の判決、御家人の指揮に当たらせた。

⓫ 「貝塚文化」を経て12世紀頃に琉球で農耕生活が始まり、グスクが形成された。指導者である(18)の成長とともに立派な石垣による城がつくられるようになった。

⓬ 古代の「続縄文文化」を経て擦文文化やオホーツク文化が広がっていた蝦夷ヶ島では、13世紀に(19)文化が誕生した。

2 ── 室町時代の外交

❶ 14世紀後半から15世紀にかけて、(20)と呼ばれる日本人を中心とする海賊集団が朝鮮半島や中国北部沿岸で猛威をふるった。おもな根拠地は、対馬・壱岐・肥前松浦地方などで、人びとを捕虜にしたり食料などを略奪したりしていた。

11 中世の外交

❷ 倭寇の侵略に悩まされていた高麗は，日本に使者を送ってその禁止を求めたが，日本は南北朝動乱期であったために成功しなかった。1392年，倭寇を撃退して名声をあげた(21)は，1392年に高麗を倒して(22)を建てたのち，倭寇の禁圧を求めてきた。

❸ 中国では，1368年，(23)（太祖洪武帝）が元の支配を排して，漢民族の王朝である(24)を建国し，倭寇の禁圧を日本に求めた。

❹ 鎌倉後期から南北朝時代を通じて，私的な日元貿易はおこなわれていたが，1325年に鎌倉幕府は(25)を再建する費用を得るために貿易船を元に派遣した。これを(25)船といい，のちの対中国貿易の先例となった。

❺ (26)は，師である夢窓疎石の勧めで，後醍醐天皇の冥福を祈るため(27)の建立をはかり，その造営費を得るため貿易船を元に派遣した。これを(27)船という。

❻ 国内統一を果たした室町幕府3代将軍(28)は，明の通交と倭寇禁圧の求めに応じて国書を送り，明への臣従を示した。日明貿易は，将軍が「(29)」と名乗って明の皇帝に(30)し，返礼品を受けとる(30)貿易の形式でとりおこなわれた。

❼ 日明貿易は，明が貿易統制のために(31)を使用したため，(31)貿易ともいう。4代将軍(32)は朝貢形式に反対して一時中断したが，6代将軍(33)により再開された。しかし，貿易の実権は，幕府の衰退とともに守護大名の手に移っていった。

❽ 堺の商人と結んだ(34)氏と，博多の商人と結んだ(35)氏が貿易の実権をめぐり激しく争ったが，1523年におこった(36)ののち，(35)氏が独占するようになった。16世紀半ばに(35)氏が滅亡すると勘合貿易は断絶し，ふたたび倭寇が活発になった。

❾ 日明貿易で銅・硫黄・刀剣・扇などが輸出され，永楽通宝などの(37)，生糸・陶磁器・絹織物・書画・書籍など中国から輸入された品物は(38)と呼ばれ珍重された。

❿ 日朝貿易は幕府だけでなく，守護大名や商人が参加してさかんにおこなわれた。そのため朝鮮側は通交についての制度を定め，対馬の(39)氏を通して貿易を統制した。

⓫ 日朝貿易は，朝鮮軍が倭寇の根拠地と誤解して対馬を襲撃した(40)によって一時中断したが，16世紀まで活発におこなわれた。朝鮮からの輸入品では大蔵経・織物・朝鮮人参などで，とくに(41)は大量に輸入され，衣料など生活様式に影響を与えた。

⓬ 朝鮮は，富山浦・乃而浦・塩浦の(42)に使節の接待と貿易のための(43)を設けた。ここに住む日本人が，自分たちの特権が縮小されてきたことに不満をもち暴動をおこした(42)の乱で，日朝貿易はしだいに衰退していった。

⓭ 16世紀後半の倭寇は中国人などの密貿易者が多く，日本の銀と中国の生糸を交易するとともに広い地域で海賊行為をおこない，(44)が海賊取締令を発するまで続いた。

⓮ 琉球では，山北・中山・山南の三山が小国家を形成していたが，15世紀初め中山王の(45)が三山を統一して(46)をつくりあげた。

⓯ 琉球王国は，明や日本と国交を結ぶとともに，日本・中国・東南アジアのあいだを往復して(47)で大きな利益をあげた。

⓰ 現在の北海道は当時(48)と呼ばれ，渡島半島南部の沿岸には和人が(49)を中心とした居住地を形成して，(50)の人びとと交易をおこなった。

⓱ 1457年の(51)の蜂起ののち，蠣崎氏が道南地域の和人居住地の支配者に成長した。

12 中世の社会・経済と庶民の活動

1 ── 鎌倉時代の社会・経済

1 農業の発達

前期	地頭など在地領主による活発な開墾
中期〜後期	近畿地方を中心に農業技術の発達 ・**二毛作**の普及(米と麦),肥料の利用(**刈敷**・**草木灰**),鉄製農具(鍬・鋤・犂)の普及 ・**牛馬**を利用した耕作,大唐米の輸入・栽培,荏胡麻の栽培,絹布・麻布の製作 ・段当たりの収穫増⇒荘園領主や地頭の圧迫に抵抗(訴訟・逃亡・定額での請負)

2 商工業の発達

〔定期市の開催〕 例:備前国福岡市(「一遍上人絵伝」)
　荘園・公領の中心地,交通の要地,寺社の門前
　三斎市の増加(月3回開催)→**行商人**の出現　※都市には**見世棚**(常設の小売店)が出現
〔**座**の結成〕
　同業者団体が製造・販売を独占…**神人**(大寺社に所属),**供御人**(天皇家に所属)
〔遠隔地間の商業取引〕
　陸上交通では宿,水上交通では湊に**問**(問丸)が発達→商品の委託販売・運送を担う
　貨幣経済(**宋銭**活用)の発達→年貢の銭納(代銭納),**為替**の使用,**借上**(高利貸)の出現

3 武家社会の変容

〔御家人の窮乏〕
　蒙古襲来の際の負担　　　　　　　女性の地位・財産権低下　　　**一期分**(本人一代限りの相続)
　分割相続→所領細分化　→　庶子の地位・財産権低下　→　　　惣領の**単独相続**
　貨幣経済の進展　　　　　　　　　　　　↓
　　　　　　　　　　　　　　　庶子家の独立　─────→　惣領制の動揺
〔幕府の対応〕執権北条貞時
　永仁の徳政令(1297)…御家人の土地売買・質入れを禁止,御家人の所領の無償返還
〔反荘園領主・反幕府の動き〕
　悪党(荘園領主に抵抗する地頭や非御家人の新興武士)の横行

2 ── 室町時代の社会・経済

農業	〔生産性の向上〕 　二毛作の普及(畿内では**三毛作**も実施)→稲の品種改良(早稲・中稲・晩稲の作付) 　刈敷・草木灰・**下肥**の利用,手工業原料の栽培(苧・桑・楮・漆・藍・茶など) 〔各地の特産品〕 　絹織物(加賀・丹後),製紙(美濃紙・播磨杉原紙),陶器(美濃・尾張),

商工業	刀剣(備前)、鋳物(能登・筑前・河内)、酒造(京都・河内・大和・摂津) ※製塩では揚浜式塩田が一般化(古式入浜も出現) 〔定期市の増加〕 　三斎市→**六斎市**、行商人の増加(連雀商人・振売、大原女・桂女) 　都市では常設店舗(**見世棚**)が一般化 〔座の発達〕 　　　　　　　保護(関銭免除、仕入・販売の独占権) 　本所(公家・寺社) ←――――――――――――――→ 座(商工業者) 　　　　　　　座役(労働奉仕、営業税納入) 　※主な座…蔵人所の灯炉供御人(鋳物師)、大山崎の油神人(油座、本所石清水八幡宮)、 　　　　　　北野社の麹座神人、祇園社の綿座神人など
金融	〔貨幣経済の発達〕 　**明銭**(永楽通宝など)の流通→粗悪な欠銭や私鋳銭が流通→**撰銭**がおこなわれる 　→円滑な貨幣流通を阻害→幕府・戦国大名は**撰銭令**を発布(交換比率などを規定) 　土倉・酒屋(金融業者)の増加…幕府が営業税を徴収(**土倉役・酒屋役**) 〔遠隔地取引の活発化〕 　**割符**(為替手形の一種)の利用、交通路の発達(廻船、**馬借・車借**)、**問屋**の成立

3 ── 庶民の活動

1 惣村の形成

時期	14～15世紀(畿内および周辺地域)
中心	**寄合**…指導者層・惣百姓で構成する会議　※指導者層＝おとな(長・乙名)・沙汰人 祭礼…**宮座**を中核に精神的結合
自治	**惣掟**(村法・村掟)…寄合で定めた規約、入会地(共同利用地)の確保、灌漑用水の管理 **地下検断**(自検断)…惣の構成員が警察権・裁判権を行使する **地下請**(村請・百姓請)…惣村が領主へ納める年貢徴収を請け負う
要求	**強訴**…惣やその連合体(惣荘・惣郷)が領主に強圧的に求める **逃散**…耕作を放棄して他領・山林に逃げ込む→領主を威圧

2 土一揆の展開

将軍	年代	一揆関係事項
義教	1428	**正長の徳政一揆**…京都の土倉・酒屋を襲撃 　→近畿地方や周辺に影響(実力による私徳政の展開)
義教	1429	播磨の土一揆…守護赤松氏の国外追放を要求
義教	1441	**嘉吉の徳政一揆**…数万の農民が京都占領、「**代始めの徳政**」を要求 　→幕府、徳政令を発布(以後乱発)　※**分一銭**の納入を条件に債務の破棄を認 　　　　　　　　　　　　　　　　めた分一徳政もあった
義政	1467	応仁の乱(～77)
義尚	1485	**山城の国一揆**(～93)…応仁の乱の後も争い続ける両畠山氏の軍を国外に追放 　→国人と土民の協力で、8年間の自治的支配を実現
義尚	1488	**加賀の一向一揆**(～1580)…本願寺の**蓮如**がおこなった「**御文**」を用いた布教が背景 　→門徒と国人が協力して守護富樫政親を打倒、1世紀にわたり自治を実現
義晴	1532	**法華一揆**(～1536)…日蓮宗徒の一揆が、山科本願寺を焼打ち→石山本願寺へ退去
義晴	1536	**天文法華の乱**…法華一揆と延暦寺僧兵が対立、敗れた一揆勢は堺へ退去

12 スピード・チェック
中世の社会・経済と庶民の活動

1 ── 鎌倉時代の社会・経済

❶ 近畿地方や西日本一帯では麦を裏作とする(1   )などが普及し，収穫高は増大していった。余剰生産物が出回るようになり，しだいに商工業が発達していった。

❷ 二毛作は土地の養分を消費するので，地味の回復のために肥料を与える必要があり，刈った草を田に敷き込む(2   )や，草木を焼いた灰を田畑にまく(3   )が施された。

❸ 鎌倉時代には，鍬・鋤・犂といった(4   )や牛馬耕の普及，多くの収穫が見込める大唐米の導入など，農業技術の大きな進展が生産力の増加につながった。

❹ 荘園・公領の中心地や，交通の要地，寺社の門前などには，近辺で生産された物資を月に3回売買する(5   )も見られるようになっていった。

❺ 京都や奈良の商工業者たちは，平安後期頃から天皇家や貴族・大寺院などの保護のもとに(6   )を結成し，製品の製造販売権や関所通行権などの特権を得るようになった。

❻ 経済活動には日宋貿易でもたらされた(7   )が利用され，年貢を米でなく銭で納める(8   )もおこなわれ，金融機関として(9   )と呼ばれる高利貸も現われた。

❼ 遠隔地を結ぶ商業取引もさかんで，各地の港や交通の要地には，商品の保管や運送をする(10   )が発達し，代金決済には(11   )も用いられるようになった。

❽ 宗家(本家)の首長である(12   )から，所領を分割相続した(13   )はその命令に従った。この宗家と分家の集団を一門・一家と呼び，戦時には一門は団結して戦った。このような一族の結束を(12   )制という。

❾ 鎌倉時代後半になり，御家人は(14   )の繰り返しにより所領が細分化されたうえ，貨幣経済の発展に巻き込まれ，さらに(15   )の際の軍役負担が重かったのに，恩賞が不十分だったため経済的に困窮するものが増えていった。

❿ 分割相続による所領細分化を防ぐため，女性や庶子への相続は一代限りの(16   )となり，さらに惣領が全所領を一人で継承する(17   )がおこなわれるようになると，武家社会が血縁的結合から地縁的結合に変容していった。

⓫ 困窮する御家人を救済するため，鎌倉幕府の執権(18   )は，1297年に(19   )を発布し，御家人に所領の質入れを禁じると同時に，それまでに質入れ・売却した御家人領を無償で取り戻させるようにしたが，かえって御家人を苦しめることになった。

⓬ 鎌倉末期には，武力で荘園領主に抵抗し，年貢納入を拒否する新興武士が現われた。幕府支配にも抵抗するようになった彼らは(20   )と呼ばれるようになった。

2 ── 室町時代の社会・経済

❶ 農業技術は鎌倉時代から進歩して全国に広まった。とくに桑・苧・藍・荏胡麻など(21   )の栽培がさかんにおこなわれ，商業活動も活発になっていった。

❷ 農業や手工業の発達により月3度の三斎市から，応仁の乱後は月6度の(22   )が一般化した。また，都市では常設の店舗である(23   )がしだいに増えていき，特定の商品

を扱う市場も生まれた。
❸ 定期市をまわる(24　)や振売と呼ばれた行商人も増え，京都では炭や薪を売る(25　)，鮎を売る(26　)など女性の活躍がめだつようになった。
❹ 商品の流通や人びとの往来によって，海・川・陸の交通路が整備され，海上，河川では商品輸送のための(27　)の往来も頻繁になっていった。
❺ 交通の要地には商品の管理・輸送の(28　)がおかれた。多量の物資が運ばれる京都への輸送では，(29　)・(30　)と呼ばれる運送業者が活躍した。
❻ 貨幣経済がさかんになると，とくに(31　)などの明銭が流通したが，なかには粗悪な(32　)も流通するようになり，良質な貨幣を選ぶ(33　)がおこなわれて円滑な流通が阻害された。このため幕府などは，交換比率などを定めた(34　)をしばしば発布した。
❼ 酒屋などの有力な商工業者は，(35　)と呼ばれる高利貸を兼ねるものが多く，幕府は彼らを保護するとともに，土倉役・酒屋役などの営業税を課して財源とした。
❽ 商工業者の座も多くなり，(36　)の免除，原料仕入・商品販売の独占権など保護を得るかわりに，労働奉仕や座役を公家や寺社などの本所におさめた。とくに(37　)の油神人は石清水八幡宮を本所として，10カ国以上の油の販売権などをもっていた。

3 ── 庶民の活動

❶ 南北朝動乱の中で，自立的・自治的な農村が形成されていった。それは(38　)と呼ばれ，はじめは村の神社の祭礼をおこなう宮座が母体となっている場合が多い。
❷ 惣村は(39　)という村人の会議で，(40　)，沙汰人などと呼ばれる村の指導者によって運営され，村の法である(41　)を定めたりした。
❸ 寄合で決めることは惣掟のほか，警察権の行使をする(42　)，山や野原の共同利用地である(43　)の利用法，年貢を村で請け負う(44　)などがあった。
❹ 年貢の減免などを求めて一揆を結び，領主のもとに大挙して押しかける(45　)や，耕作を放棄して他領や山林に逃げ込む(46　)などの実力行使をしばしばおこなった。
❺ 1428年，惣村の結合をもとにした農民勢力などが(47　)を要求して，京都の酒屋・土倉を襲い，質物や売買・貸借証文をうばった。たちまち近畿地方やその周辺にも広がり，実力による債務破棄や売却地の取戻しが展開された。これを(48　)という。
❻ 1429年におこった(49　)は，守護の国外退去を求めるなど政治的要求を掲げていた。
❼ 1441年，6代将軍義教が謀殺されたのを契機に，数万人の一揆が京都を占領し「代始めの徳政」を要求した(50　)では，ついに幕府が徳政令を発布した。こののち，幕府はしばしば徳政令を発して経済の混乱を招いた。
❽ 1485年，南山城で両派にわかれて争っていた畠山氏を追い出した。山城の国人や農民らは国中掟法を定め，8年間にわたって自治をおこなった。これを(51　)という。
❾ 本願寺の(52　)は，越前吉崎を本拠に北陸・東海・近畿地方で「御文」と呼ばれる平易な文章で布教し，講を組織して惣村を直接つかんでいった。
❿ 1488年，加賀守護(53　)は一向宗門徒を弾圧したため，国人・僧侶・農民によって滅ぼされた。以後1世紀にわたって自治がおこなわれた。これを(54　)という。

13 鎌倉時代・室町時代の文化

1 ── 鎌倉文化

特色　①公家の伝統文化　②武士・庶民に支持される文化の形成(公武二元文化)

1 鎌倉仏教

宗派	開祖	特色	主要著書	中心寺院
浄土宗	法然	念仏(南無阿弥陀仏)をとなえる 専修念仏の教え	『選択本願念仏集』	知恩院 (京都)
浄土真宗 (一向宗)	親鸞	煩悩の深い人間こそ救済の対象と説く 悪人正機	『教行信証』 (『歎異抄』弟子唯円)	本願寺 (京都)
時宗	一遍	全国を遊行し、踊念仏で布教 念仏札を配る	『一遍上人語録』	清浄光寺 (神奈川)
日蓮宗 (法華宗)	日蓮	題目(南無妙法蓮華経)を唱和 他宗を激しく攻撃	『立正安国論』	久遠寺 (山梨)
臨済宗 (禅宗)	栄西	坐禅と公案問答で悟りに達する 幕府の保護	『興禅護国論』	建仁寺 (京都)
曹洞宗 (禅宗)	道元	ただひたすらに坐禅を組み、悟りに達する 只管打坐	『正法眼蔵』	永平寺 (福井)
旧仏教側の動き	\[法相宗\]貞慶(解脱)、\[華厳宗\]明恵(高弁)…戒律を重視 \[律宗\]叡尊(思円)・忍性(良観)…社会事業(北山十八間戸など)をおこなう ※重源…東大寺の復興事業に勧進上人として尽力(宋人陳和卿の協力)			

2 文学・芸術

学問思想	金沢文庫(金沢実時)…和漢の書を収集 有職故実『禁秘抄』(順徳天皇) 宋学(朱子学)の伝来→大義名分論 伊勢神道『類聚神祇本源』(度会家行)	建築	大仏様…東大寺南大門 禅宗様(唐様)…円覚寺舎利殿 和様…三十三間堂(蓮華王院本堂) 折衷様…観心寺金堂
禅宗	蘭渓道隆(建長寺)…北条時頼の招き 無学祖元(円覚寺)…北条時宗の招き	彫刻	東大寺南大門金剛力士像(運慶・快慶) 興福寺無著・世親像(運慶)
文芸	和歌集『山家集』(西行) 『金槐和歌集』(源実朝) 『新古今和歌集』(藤原定家・家隆) 随筆『方丈記』(鴨長明) 『徒然草』(兼好法師) 軍記物語『平家物語』…琵琶法師の平曲 歴史書『愚管抄』(慈円)…道理史観 『吾妻鏡』…鎌倉幕府の歴史	絵画	絵巻物『蒙古襲来絵巻』『春日権現験記』『一遍上人絵伝』 似絵…藤原隆信・信実父子が名手 頂相…禅宗の高僧の肖像画
		書	青蓮院流…尊円入道親王が創始
		工芸	刀剣　長光、藤四郎吉光、正宗 製陶…瀬戸焼、常滑焼、備前焼

50

2── 室町文化

1 南北朝文化（14世紀中頃）…動乱の時代を背景に歴史書・軍記物語が発達

学問	歴史書『**神皇正統記**』（北畠親房）…南朝の正統を主張 『梅松論』…武家の立場から記述　『増鏡』…公家の立場から記述
文学	軍記物語『**太平記**』…南北朝の動乱を描く→太平記読みにより広く普及 連歌『**菟玖波集**』（二条良基）…勅撰集に準じられる→連歌の隆盛
芸能	**能楽，茶寄合・闘茶**→動乱の中で成長した新興武士が担い手（「**バサラ**」）

2 北山文化（3代将軍足利義満の時代が中心）

特色	武家文化と公家文化に大陸文化が融合
建築	鹿苑寺**金閣**…伝統的な寝殿造と禅宗寺院の禅宗様を折衷
宗教	幕府による臨済宗の保護と統制（**夢窓疎石**が足利尊氏の帰依を受けて以来） **五山・十刹の制**…南宋の官寺の制にならう　※南禅寺は別格 　京都五山（天龍寺・相国寺・建仁寺・東福寺・万寿寺） 　鎌倉五山（建長寺・円覚寺・寿福寺・浄智寺・浄妙寺）
庭園	鹿苑寺庭園，天龍寺庭園，西芳寺庭園
絵画	**水墨画**…五山僧の明兆・如拙・周文が基礎を築く→『**瓢鮎図**』（如拙）
文学	**五山文学**…義堂周信・絶海中津の活躍→五山版（経典・漢詩文集）出版
芸能	能…大和猿楽四座（観世・宝生・金春・金剛）　※興福寺が本所 観世座の**観阿弥・世阿弥**父子が猿楽能を大成 能の脚本（謡曲），能の理論書『**風姿花伝**（花伝書）』（世阿弥）

3 東山文化（8代将軍足利義政の時代が中心）

特色	①幽玄・佗が精神的な基調　②芸術性が生活文化に浸透
建築	慈照寺**銀閣**…上層は禅宗様，下層は書院造風 **書院造**…慈照寺東求堂同仁斎にみられる武家住宅の建築様式
庭園	**枯山水**…岩石と砂利を組み合わせて象徴的な自然をつくり出す 慈照寺庭園，龍安寺庭園，大徳寺大仙院庭園　※山水河原者の善阿弥が作庭に活躍
絵画	水墨画…**雪舟**が日本的な水墨画様式を創造→「四季山水図巻」「秋冬山水図」 大和絵…**土佐派**（土佐光信），**狩野派**（狩野正信・元信父子）
芸能	茶の湯…村田珠光が**佗茶**を創出→武野紹鷗を経て千利休が大成 生花…立花様式が定立（池坊専慶が名手→池坊専応を経て池坊専好が大成）
学問・ 思想	**古今伝授**…『古今和歌集』の解釈の秘事口伝（東常縁→宗祇） 『樵談治要』『公事根源』（**一条兼良**），吉田兼俱の唯一神道（反本地垂迹説の立場）
庶民 文芸	**狂言**，幸若舞，古浄瑠璃，小歌（『閑吟集』），**御伽草子**（『物くさ太郎』など） 連歌…**宗祇**『新撰菟玖波集』→**正風連歌**の確立，『水無瀬三吟百韻』を編む 宗鑑『犬筑波集』→俳諧連歌の成立
宗教	禅宗…五山派の衰退→諸派（**林下**）の広がり　※大徳寺の一休宗純らの活躍 日蓮宗…**日親**の布教→京都の商工業者による**法華一揆**（1532）→**天文法華の乱**（1536） 一向宗…蓮如の布教（**御文**の利用）→各地で一向一揆

13 スピード・チェック
鎌倉時代・室町時代の文化

1 ── 鎌倉文化

❶ 源平争乱の頃，もっぱら阿弥陀仏の誓いを信じ，念仏（南無阿弥陀仏）をとなえれば，死後は平等に極楽浄土に往生できるという(1   )の教えを説いた(2   )は，のちに(3   )の開祖と仰がれた。

❷ (4   )は師の法然の教えを一歩進め，煩悩の深い人間（悪人）こそが阿弥陀仏の救おうとする相手であるという(5   )の教えを説いた。その教えは農民や地方武士に広まり，やがて(6   )と呼ばれる教団を形成していった。

❸ (7   )は全国を遊行し，念仏をとなえながら踊る「踊念仏」によって(8   )を広めた。

❹ 古くからの法華信仰をもとに新しい救いの道を開いた(9   )は，題目（南無妙法蓮華経）をとなえることで成仏できると説き，他宗を激しく攻撃しながら布教を進めた。この(9   )宗（法華宗）は，関東の武士や商工業者に広まっていった。

❺ 宋から帰国した(10   )は，(11   )によってみずからを鍛練し，公案問答を一つひとつ解決して悟りに達する禅宗の(12   )の開祖と仰がれた。この(12   )は，鎌倉幕府・室町幕府の保護を受けて発展していった。

❻ 幕府との結びつきを強めた禅宗の中で，ただひたすら坐禅に徹する(13   )によって悟りに達することを説いた(14   )は，越前永平寺にこもって(15   )を開いた。

❼ 新仏教側の動きに対して，旧来の仏教も新たな動きをみせた。鎌倉時代の初め頃，法相宗の(16   )や華厳宗の高弁は戒律を尊重して南都仏教の復興に力を注いだ。

❽ 律宗の叡尊と(17   )らは，戒律を重んじるとともに貧しい人びとや難病で苦しんでいる人びととの救済・治療などの社会事業に献身した。

❾ 源平争乱の折，焼失した東大寺を復興するため東大寺造営勧進職に任じられた(18   )は，募金から建築まで一切の指揮をおこなった。

❿ 公家のあいだには，過去のよき時代への懐古から，古典の研究や朝廷の儀式・先例を研究する(19   )の学がさかんになった。順徳天皇の『禁秘抄』が代表的である。また武家の中では，金沢（北条）実時が武蔵国金沢に和漢の書物を集めた(20   )を創設した。

⓫ 伊勢外宮の神職度会家行は，『類聚神祇本源』を著し，従来の本地垂迹説と反対の立場に立つ神本仏迹説をとなえ，(21   )を体系づけた。

⓬ もと北面の武士で佐藤義清といった(22   )は，出家して平安時代末期の動乱の諸国を遍歴し，すぐれた歌をよんで歌集『山家集』を残した。また，3代将軍源実朝は和歌にすぐれ，力強く格調高い万葉調の歌をよみ，『(23   )』を残した。

⓭ 後鳥羽上皇の命で，(24   )・藤原家隆らは『古今和歌集』から数えて8回目の勅撰和歌集である『(25   )』を編集した。

⓮ 鎌倉時代初期に『方丈記』を著した(26   )は，人間も社会も転変してすべてはむなしいと説いた。また，鎌倉時代末期の(27   )は，『徒然草』で動乱期の人間や社会を鋭い観察眼でとらえ，簡潔な文章でまとめている。

52

⓯ 戦いを題材に，実在の武士の活躍ぶりを流麗な和漢混淆文で描いた軍記物語の中でも，『(28)』は(29)によって平曲として語られ，多くの人びとに親しまれた。

⓰ 天台座主の(30)は『愚管抄』で，歴史転換の必然性を仏教的歴史観で追究した。

⓱ 東大寺南大門の建築様式は(31)と呼ばれ，大陸的な雄大さ，豪放な力強さを特徴としている。円覚寺舎利殿は，細かな部材を組み合わせた整然とした美しさを特徴とする(32)の建築様式でつくられている。

⓲ (33)・湛慶父子，快慶ら慶派と呼ばれる奈良仏師の集団が，東大寺南大門金剛力士像や興福寺の天灯鬼・龍灯鬼像など，多くのすぐれた彫刻をつくり出した。

⓳ 鎌倉時代の絵画では，『蒙古襲来絵巻』『春日権現験記』などの(34)が全盛期を迎えた。また，写実的な肖像画を描く(35)には名手として藤原隆信が現われた。

2 ── 室町文化

❶ 南北朝期の歴史書では，北畠親房が南朝の立場から皇位継承の正統性を『(36)』で説いた。また南北朝の動乱の全体を描こうとした軍記物語の『(37)』がつくられた。

❷ 臨済宗は幕府の保護のもとで大いに栄え，(38)は将軍尊氏の帰依を受け，将軍義満は京都と鎌倉に(39)の制を確立した。

❸ 大和四座の(40)に出た観阿弥・(41)父子は，将軍義満の保護を受け芸術性の高い(42)を大成した。また，(41)は『風姿花伝』などの理論書を残した。また，能の幕あいには風刺の強い喜劇(43)が演じられるようになった。

❹ 足利義政は，祖父である義満の北山にある金閣にならって，東山に山荘をつくり銀閣を建てた。また，義政の書斎であった(44)にみられる(45)という建築様式は，近代和風住宅の源流となるものであった。

❺ 禅宗の庭園で，岩石と砂利を組み合わせて象徴的な自然をつくり出した(46)では，龍安寺や大徳寺大仙院などが有名である。

❻ 室町時代の絵画では，水墨画では(47)が出て「四季山水図巻」などの作品を残した。新しく(48)をおこした正信・元信父子は，水墨画に大和絵の手法を加えた。

❼ 南北朝期に二条良基が編集した『菟玖波集』が準勅撰とされてから，(49)は隆盛を迎えた。応仁の頃(50)が『新撰菟玖波集』を撰して(51)を確立した。一方(52)は，自由な気風をもつ(53)をつくり出し『犬筑波集』を編集した。

❽ 室町時代随一の学者といわれた(54)は，『公事根源』『樵談治要』などの書物を著し，吉田兼倶は，反本地垂迹説にもとづいて神道を中心に儒学・仏教を統合しようとする(55)を完成した。

❾ 茶道は，それまでの闘茶や茶寄合から村田珠光が出て(56)を創出した。また，生花では，床の間を飾る(57)様式が定まり，池坊専慶が出て芸術的に高めた。

❿ 庶民の文芸として，『物くさ太郎』『一寸法師』などの(58)が流行した。また，民間芸能として小歌などが流行し，歌集として『(59)』が編集された。

⓫ 日蓮宗では，日親が出て京都の町衆への布教につとめた。1532年，町衆は(60)を結んで一向一揆に対抗し，町政を自治的に運営した。

14　戦国大名の登場

1 ── 群雄割拠の時代
1 戦国大名の登場

出自	戦国大名	領国	分国法(家法)	日本各地の状況
守護大名	今川氏	駿河	今川仮名目録	**京都(室町幕府)** 　管領細川晴元 ⇨ 三好長慶 ⇨ 松永久秀 **東北** 　小規模な国人の乱立 ⇨ 伊達氏の台頭 **関東** 　鎌倉公方の分裂(古河公方・堀越公方) 　関東管領の分裂(山内上杉家・扇谷上杉家) 　　┗➤**北条早雲**(伊勢宗瑞)・氏綱・氏康台頭 **中部** 　関東管領職を継承**上杉謙信**　┐川中島の戦い 　甲斐～信濃に伸長**武田信玄**　┘　　(5回) **中国** 　守護大内義隆 ⇨ 重臣陶晴賢 ⇨ **国人毛利元就** **四国** 　土佐国人長宗我部元親の台頭 **九州** 　九州北部　大友義鎮 vs 九州南部　島津貴久
守護大名	武田氏	甲斐	甲州法度之次第	
守護大名	六角氏	近江	六角氏式目	
守護大名	大内氏	周防	大内氏掟書	
守護大名	大友氏	豊後		
守護大名	島津氏	薩摩		
守護代	朝倉氏	越前	朝倉孝景条々	
守護代	上杉氏	越後		
守護代	織田氏	尾張		
守護代	尼子氏	出雲		
国人・土豪	伊達氏	陸奥	塵芥集	
国人・土豪	結城氏	下総	結城氏新法度	
国人・土豪	毛利氏	安芸		
国人・土豪	浅井氏	近江		
国人・土豪	長宗我部氏	土佐	長宗我部氏掟書	
他	北条氏	相模	早雲寺殿廿一箇条	
他	斎藤氏	美濃		

2 戦国大名の領国支配

法	**分国法**…家臣団統制や**領国**支配の基本法，領国内の裁判基準 　　　　　　城下町への集住(有力家臣抑制)・**喧嘩両成敗法**・連帯責任・私的婚姻禁止	
	経済面	軍事面
富国強兵策	①**指出検地**…家臣・百姓の自己申告により 　　　　　　耕地面積・生産力を把握 ②治水灌漑…耕地の安定化 　　　**信玄堤**が代表例 ③鉱山開発…金銀増産，鉄製農具・武具 ④商工業者の掌握…物資の生産・調達 ⑤**城下町**建設…家臣集住 ⑥**楽市令**…商業取引の自由化 ⑦撰銭令…貨幣流通の促進 ⑧関所撤廃・交通路整備…流通の円滑化	①**貫高制** 　家臣の領地の生産力を把握し，それにもとづいて**軍役**を賦課 ②**寄親・寄子制** 　有力家臣(寄親)の下に，家臣化した地侍(寄子)を組み入れて，組織化をはかる ③鉄砲・長槍 　同一の武器をそろえた集団戦が可能となるように，武器調達・部隊編成・戦法の改善がはかられた

2 ── 都市の発展と文化の地方普及

1 都市の分類

城下町	小田原(北条氏)・甲府(武田氏)・府中(今川氏)・春日山(上杉氏)・一乗谷(朝倉氏)・山口(大内氏)・豊後府内(大友氏)・鹿児島(島津氏)など
門前町	宇治・山田(伊勢神宮)・長野(善光寺)・坂本(延暦寺)など
寺内町	石山(摂津)・金沢(加賀)・富田林(河内)・今井(大和)など
港町 宿場町	堺(和泉)・博多(筑前)・坊津(薩摩)・尾道(備後)・小浜(若狭)・敦賀(若狭)・大津(近江)・桑名(伊勢)・大湊(伊勢)・品川(武蔵)など
自治都市	堺(**会合衆**)・博多(**年行司**)・京都(**町衆・月行事**)・平野・桑名・大湊など

2 学問・文化の地方普及…寺院では『庭訓往来』『御成敗式目』を教材とした教育も

	学問・文化の拠点		文化人の足跡
周防山口	日明貿易で豊かな大内氏の経済力を背景に、応仁の乱前後から文化人が集住。「西の京」とも呼ばれた	桂庵玄樹	菊池氏(肥後)・島津氏(薩摩)にまねかれて儒学を講じ、鹿児島で『大学章句』を刊行。薩南学派の祖
足利学校(下野)	関東管領上杉憲実が再興した教育機関。「坂東の大学」とも呼ばれた	万里集九	漢詩文に秀でた臨済僧で、東日本を遍歴し、太田道灌や上杉謙信と交流する
奈良	菓子商の饅頭屋宗二(林宗二)が国語辞典『節用集』を刊行	宗祇	連歌師として全国を遍歴

3 ── ヨーロッパ人の来航と南蛮貿易

背景	**大航海時代**のアジア進出 ⇒ ポルトガル…ゴア(インド)・マカオ(中国)が拠点 旧教国の布教意欲 　　　　　スペイン…マニラ(フィリピン)が拠点 **明の海禁政策**=中国生糸と日本**銀**の需要はあるが、勘合貿易が途絶する一方、私貿易は禁止		
鉄砲伝来	契機	ポルトガル人が乗った中国人倭寇の船が**種子島**に漂着(1543頃) 　└→島主の種子島時尭が**鉄砲**を購入し、使用法・製造法を習得	
	普及	①鉄砲の国産化：堺(和泉)、国友(近江)、根来・雑賀(紀伊)など ②火薬原料調達：南蛮貿易で入手(布教許可と南蛮貿易は不可分)	
	結果	①戦法の変化：騎馬戦 ⇨ 足軽鉄砲隊　②築城法の変化：山城 ⇨ 平山城	
南蛮貿易	特徴	①ポルトガル人(1543)・スペイン人(1584)による中継貿易 ②布教を認めた大名領で交易	
	港 品目	平戸(松浦氏)・長崎(大村氏)・豊後府内(大友氏)など、おもに九州の諸港 [輸入品] 中国産生糸・鉄砲・火薬原料など　[輸出品] 銀・刀剣・漆器など	
キリスト教	契機	**イエズス会**の**フランシスコ=ザビエル**鹿児島到着(1549)　布教を開始	
	普及	①宣教師の教育・福祉・医療活動⇦戦乱・圧政に苦しむ民衆 ②貿易をのぞむ大名の保護・布教許可 ③信仰心から洗礼を受けた大名(**キリシタン大名**)の保護	
	展開	①南蛮寺(教会堂)・コレジオ・セミナリオの設立 ②**天正遣欧使節**(1582〜90)…イエズス会宣教師ヴァリニャーニの勧め 　　　└→キリシタン大名(大友義鎮・有馬晴信・大村純忠)が4少年を派遣	

14 スピード・チェック
戦国大名の登場

1── 群雄割拠の時代

❶ 応仁の乱以後の争乱の中から，地域に根をおろした実力のある大名が台頭してきた。これを(1   )といい，彼らがみずからの力で獲得した支配領域を(2   )(分国)という。

❷ 1493(明応2)年に管領細川政元が将軍を廃立する事件(明応の政変)がおこり，室町幕府の実権は管領細川氏が握った。しかし，その後の権力争いで，実権は管領細川晴元からその家臣(3   )に移り，さらに(3   )の家臣である(4   )へと移った。

❸ 関東では，鎌倉公方が応仁の乱直前に足利持氏の子成氏の(5   )と8代将軍義政の兄弟政知の(6   )に分裂していた。関東管領上杉氏も山内と扇谷の両上杉家に分裂して，衝突を繰り返した。

❹ 京都からくだってきた(7   )は，関東の混乱に乗じて堀越公方を滅ぼし，その後，2代氏綱・3代氏康の全盛期には関東のほぼ全域が制圧されることになった。

❺ 越後守護代の長尾景虎は関東管領職を継いで(8   )と名乗り，甲斐守護から信濃一帯に勢力を拡張していた(9   )と，北信濃の川中島で5度にわたって対陣した。

❻ 東海一円に勢力をのばしていたのは，足利将軍家の縁戚で駿河守護から戦国大名へと成長した(10   )氏である。守護を出自とする戦国大名には，ほかに九州の覇権をめぐって対立していた大友氏や島津氏らがいる。

❼ 中国地方では，守護大内氏が重臣陶晴賢に国を奪われ，さらに安芸の国人(11   )がこれにとってかわった。国人・土豪層から戦国大名に成長したものとしては，このほかに四国のほぼ全域を制覇した(12   )氏や東北の雄である伊達氏らがいる。

❽ 戦国大名は(13   )を制定して，家臣団統制や領国支配の基本法とした。この法令の中には，家臣相互の紛争を私闘によって解決することを禁じ，大名の裁判に委ねさせることを目的とした(14   )などが定められていた。

❾ 伊達氏の定めた(15   )は171カ条から成り立っており，分国法中最大のものである。これにつぐものとしては下総結城氏の結城氏新法度や長宗我部氏の(16   )がある。

❿ 今川氏の(17   )は，婚姻を通した他国との結びつきを禁じる規定などで有名である。また，武田氏の(18   )には喧嘩両成敗の規定をみることができる。

⓫ 北条氏の(19   )には家臣団の統制や武士の心得について記してあり，朝倉氏の(20   )では，家臣団に城下町一乗谷への集住と領地への代官派遣を命じている。

⓬ 戦国大名は，家臣である領主や名主からその支配地や耕作地の面積・収入額などを自己申告させて領内把握につとめたが，これを(21   )という。

⓭ 商工業発展のために，戦国大名は(22   )を出して座の特権を否定し，自由な商取引をおこなわせた。

⓮ 戦国大名は，家臣にした多数の地侍を有力家臣に預ける形で組織化した(23   )によって家臣団として編成し，鉄砲や長槍などを用いた集団戦が可能となった。

⓯ 国人や地侍らの収入額を銭に換算し，収入や地位にみあった一定の軍役を負担させる

ことで戦国大名は軍事制度の基礎を確立したが，この制度を(24   )という。

2 ── 都市の発展と文化の地方普及

❶ 北条氏の小田原，今川氏の府中，大友氏の豊後府内など，戦国大名が城郭を中心に家臣団や商工業者を集住させ，計画的に建設した都市を(25   )という。

❷ 寺社の門前市から発達した都市が(26   )で，伊勢神宮の宇治・山田や信濃善光寺の長野，延暦寺の近江坂本などが有名である。

❸ 一向宗徒（浄土真宗）の寺院や道場を中心に形成された都市を(27   )といい，摂津の石山や加賀の金沢，河内の富田林，大和の今井などがある。

❹ 海陸交通の要地に貿易や商業の発達にともなって成立した港湾都市を(28   )という。その中には，豪商36人の(29   )による堺，12人の(30   )による博多のように自治的運営がおこなわれ，「自由都市」「自治都市」と呼ばれるものもあった。

❺ 京都では商工業者である(31   )を中心とした町が誕生し，(31   )より選ばれた月行事を中心に，祇園祭の再興など都市民の自治的運営がおこなわれていた。

❻ (32   )は肥後の菊池氏に，ついで薩摩の島津氏にまねかれて儒学（朱子学）を講義し，鹿児島では朱熹の著した『(33   )』を刊行するなど，薩南学派のもとをつくった。

❼ 「坂東の大学」と呼ばれた下野国の(34   )を再興したのは関東管領(35   )である。この頃，奈良で日常語句を類別した『(36   )』という国語辞典が刊行されたり，寺院での教育に書簡形式の『庭訓往来』や『御成敗式目』などが用いられるようになった。

3 ── ヨーロッパ人の来航と南蛮貿易

❶ ルネサンスと宗教改革以後，ヨーロッパ諸国はキリスト教の布教と植民地の獲得をめざして世界的規模の活動を開始したが，この時代を(37   )と呼ぶ。その先頭に立ち，東アジアへ進出した2つの国が(38   )と(39   )であった。

❷ 1543年，ポルトガル人が九州南方の(40   )に漂着し，島主の種子島時堯に鉄砲を伝えた。鉄砲は堺や近江(41   )，紀伊根来・雑賀などで大量生産され，新鋭武器として急速に普及し，戦法や築城法に影響を与えることになった。

❸ 1549年，(42   )の宣教師(43   )が鹿児島に来航し，キリスト教の布教を開始した。以後，宣教師はあいついで来日し，(44   )と呼ばれた教会堂や宣教師の養成学校であるコレジオ，セミナリオという神学校を建てて布教につとめた。

❹ キリスト教の洗礼を受けた大名を(45   )と呼ぶ。そのうち，(46   )・(47   )・(48   )ら3人の(45   )は宣教師ヴァリニャーニの勧めにより，1582年，伊東マンショら4少年をローマ教皇のもとに派遣した。これを(49   )という。

❺ ポルトガル人につづき，スペイン人も肥前(50   )に来航した。日本人はポルトガル・スペイン人を「南蛮人」，彼らとのあいだでおこなわれた中継貿易を南蛮貿易と呼んだ。

❻ 南蛮貿易は松浦氏の平戸，大村氏の(51   )，大友氏の豊後府内など九州の諸港でおこなわれた。主要な輸入品は(52   )・鉄砲・火薬などであり，輸出品は(53   )・刀剣・漆器などであった。

15 織豊政権と桃山文化

1 ── 信長・秀吉の全国統一

1 織田信長の全国統一事業

1560	桶狭間の戦い→今川義元を破る	1573	足利義昭を追放→室町幕府滅亡
1567	斎藤竜興を破る	1574	伊勢長島の一向一揆を平定
	→岐阜城拠点「天下布武」の印判使用	1575	**長篠合戦**→武田勝頼を破る
1568	足利義昭をともない上洛→将軍に擁立	1575	越前の一向一揆を平定
1570	姉川の戦い	1576	**安土城**築城(〜1579)
	→浅井長政・朝倉義景を破る	1580	石山戦争終わる→本願寺顕如屈伏
1571	比叡山延暦寺焼打ち	1582	**本能寺の変**(明智光秀→信長敗死)

※織田信長の政策…占領地への指出検地の実施
　①伝統的な政治・宗教の秩序・権威を克服
　　　義昭追放・延暦寺焼打ち・一向一揆を弾圧
　②都市や円滑な商工業・流通を重視⇨畿内の高い経済力を掌握
　　　自治的都市堺などの直轄化・楽市令(1567美濃加納・1577安土)・関所撤廃

2 豊臣秀吉の全国統一事業

1582	山崎の合戦→明智光秀を破る	1585	関白就任→いわゆる惣無事令を出す
1583	賤ヶ岳の戦い→柴田勝家を破る	1586	太政大臣就任,**豊臣**姓を賜う
1583	**大坂城**築城開始(〜1588)	1587	九州平定→島津義久服属
1584	小牧・長久手の戦い	1588	**聚楽第**に後陽成天皇を歓待
	→徳川家康・織田信雄と和睦	1590	小田原攻め→北条氏政を滅ぼす
1585	四国平定→長宗我部元親服属	1590	奥州平定→伊達政宗服属

※豊臣政権の経済基盤 　①蔵入地約220万石 　②直轄鉱山:天正大判を鋳造 　　佐渡・石見大森・但馬生野 　③直轄都市:豪商の統制と活用 　　京都・大坂・堺・伏見・長崎	**五奉行**…政務各分野を分掌 　浅野長政(司法)・増田長盛(土木)・石田三成(行政)・ 　前田玄以(宗教)・長束正家(財政) **五大老**…重要事項を合議 　徳川家康・前田利家・毛利輝元・宇喜多秀家・ 　上杉景勝・小早川隆景(隆景の死後,五大老と呼称)

2 ── 豊臣政権の内政

太閤検地	目的	全国的基準を定めて検地を実施(1582〜98)し,経済基盤を固める
	方法	①面積表示(町・段・畝・歩)と枡(**京枡**)を全国的に統一 ②石盛(斗代,1段当たり生産力)×面積=**石高**(土地全体の収穫高)を算定 ③**一地一作人**の原則(検地帳に耕作農民の田畑・屋敷地を登録) ④税率は二公一民(石高の2/3を領主に納入)

太閤検地	結果	①石高制の確立（天正の石直し） ②土地の権利関係が重なり合う，荘園制の複雑な土地支配が終わる ③石高にみあった大名の軍役奉仕（**検地帳**と**国絵図**の提出）
刀狩	目的	農民を非武装化して一揆を防止し，農業に専念させるため
	方法	**刀狩令**を発する（1588）→京都方広寺の木製大仏造営が名目
	結果	**兵農分離**の基礎→中世の惣村がもっていた武力が低減
身分制	目的	身分の確定と固定化，朝鮮出兵の動員可能人員の確認
	方法	**人掃令**（1591身分統制令）→1592関白豊臣秀次が再令し，戸口調査を実施
	結果	兵・町人・百姓の職業にもとづく身分が確立→**兵農分離**が完成

3 ── 豊臣政権の外交

宗教政策 の転換	原因	①キリスト教の教理が近世封建体制確立の妨げになりはじめた ②キリシタン大名**大村純忠**がイエズス会の教会に長崎を寄進した
	方法	**バテレン**（宣教師）**追放令**（1587）で宣教師の国外退去を指令 　大名らの入信は許可制，一般人は「その者の心次第」
	結果	①海外渡航や南蛮貿易を認めていたため，不徹底に終わる ②サン＝フェリペ号事件（1596）⇨26聖人殉教
海上統制	方法	①**海賊取締令**（1588）で倭寇を禁止 ②朱印状で豪商の渡航を保護→キリスト教取締りは不徹底
朝鮮侵略	目標	日本を中心とする東アジア秩序の構築
	原因	朝鮮が入貢と，明への出兵の先導を拒否したため
	経過	**文禄の役**（1592～93，壬辰倭乱）→15万派兵，鉄砲の力で占領地拡大 ↓**李舜臣**率いる朝鮮水軍・民衆による義兵・明の援軍による苦戦 ↓講和（休戦）→講和決裂 **慶長の役**（1597～98，丁酉倭乱）⇨秀吉の死亡により全軍撤兵
	結果	①朝鮮・明の疲弊，対日感情の悪化　②豊臣政権の衰退（戦費と兵力損耗）

4 ── 桃山文化

特色	①16世紀後半～17世紀初頭，統一政権の下に形成された，豪華で壮大な文化 ②新興の大名や豪商の気質や経済力が影響 ③信長・秀吉の宗教政策を背景に，仏教色が薄れ現実肯定的 ④南蛮文化の影響…宣教師による学問・技術の伝来→日本人による南蛮屏風
建築	城郭：安土城・大坂城・伏見城（都久夫須麻神社に一部残存）・聚楽第 茶室：妙喜庵待庵
絵画	障壁画：**濃絵**　狩野永徳「洛中洛外図屏風」　狩野山楽「松鷹図」 水墨画：海北友松「山水図屏風」　長谷川等伯「松林図屏風」
工芸	欄間彫刻（透し彫），蒔絵，小袖 **活字印刷術**｛南蛮由来─金属活字・キリシタン版・天草版『平家物語』 　　　　　　朝鮮由来─木製活字・慶長勅版（後陽成天皇の勅命で制作）｝
芸能	侘茶（**千利休**），**阿国歌舞伎**（出雲阿国），**人形浄瑠璃**，隆達節（高三隆達）

15 スピード・チェック
織豊政権と桃山文化

1── 信長・秀吉の全国統一

❶ 1560年に尾張の(1　)で今川義元を破り、1567年に美濃の斎藤竜興を滅ぼした信長は、「天下布武」の印判を使用し、武力により天下をおさめる意志を表明した。そして、翌1568年には13代将軍足利義輝の弟(2　)を奉じて入京を果たした。

❷ 1570年、信長は近江の浅井氏と越前の朝倉氏の連合軍を近江姉川の戦いで破り、翌年には両者と結んで反抗した比叡山(3　)を焼打ちにした。

❸ 将軍権力の回復をめざして信長と対立した足利義昭が京都から追放され、室町幕府が滅亡したのは(4　)年のことである。

❹ 1575年、信長は大量の鉄砲を用い、甲斐の武田勝頼の騎馬隊を三河の(5　)で破った。翌年、信長は琵琶湖畔に(6　)を築き、ここを根拠地に定めた。

❺ 1574年に伊勢長島、翌1575年に越前の一向一揆を平定した信長は、1580年、摂津石山本願寺の顕如を屈伏させ、1570年から前後11年にわたった(7　)に終止符を打った。

❻ 武田勝頼を天目山の戦いで滅ぼした1582年、信長は毛利氏征討に向かう途中の京都で、家臣の(8　)の謀叛に遭い敗死した。この事件を(9　)という。

❼ 信長は全国統一の過程で、自治的都市(10　)を直轄にして豪商を支配下におく一方、(11　)を出して商工業者に自由な営業を認め、安土城下の振興をはかった。

❽ 秀吉は、本能寺の変がおこるとすぐに、対戦中だった毛利氏と和睦し、1582年、山城の(12　)で明智光秀を討つことに成功した。

❾ 1583年、信長の重臣であった柴田勝家を(13　)で破って、信長の後継者の地位を確立した秀吉は、同年、石山本願寺跡に(14　)を築き、全国統一の拠点とした。

❿ 1584年、大軍を率いた秀吉は、尾張の(15　)で信長の次男織田信雄に協力する徳川家康軍と戦ったが、勝利しきれず和睦した。

⓫ 1585年、朝廷から(16　)に任じられた秀吉は四国の長宗我部元親を服属させた。翌年には太政大臣に就任するとともに、天皇から「豊臣」の姓を与えられた。この間、秀吉は(17　)を全国に発し、私戦の停止と領国の確定権を秀吉に委ねることを命じた。

⓬ 1587年、惣無事令に従わない薩摩の島津義久を降伏させた秀吉は、1590年には(18　)をおこなって関東の北条氏政・氏直親子を滅ぼした。この時、伊達政宗ら東北地方の諸大名も服属してきたので、ここに全国統一は達成された。

⓭ 1588年、秀吉は京都に建てた(19　)で後陽成天皇を歓待し、この機会に朝廷の伝統的な権威を利用して、諸大名に秀吉への忠誠を誓わせた。

⓮ 豊臣政権の経済基盤は(20　)と呼ばれた約220万石の直轄領や佐渡・(21　)・但馬生野などの直轄鉱山からの収益、堺・大坂などの重要都市も直轄にして豪商を統制下においた。

⓯ 秀吉晩年の政治組織は、浅野長政・石田三成ら腹心の家臣に政務を分掌させた(22　)と徳川家康・前田利家ら有力大名を(23　)として重要政務を合議させた。

2 ── 豊臣政権の内政

❶ 山崎の合戦に勝利した1582年以降，秀吉によって実施された全国的な規模での土地の調査を(24   )検地という。この検地により，土地の生産力が米の収穫高で換算される(25   )が確立したので，天正の石直しとも呼ばれる。

❷ 太閤検地は，土地の面積表示を町・段・畝・歩に，枡の容量を(26   )に統一し，田畑・屋敷地を上・中・下・下々の4等級に分け，その等級ごとに1段当たりの標準収穫高を定めた(27   )に面積を掛けて土地全体の収穫高（石高）を算出した。

❸ 太閤検地では，土地の実際の耕作者が，その土地の所有者・年貢負担者として(28   )に登録される「(29   )の原則」が確立された。

❹ 支配の安定化をめざした秀吉は，1588年，一揆を未然に防止する目的から(30   )を発し，京都方広寺の大仏造立を口実に農民たちから武器を没収した。

❺ 1591年，秀吉は(31   )を発して武士の百姓・町人化，農民の転業などを禁止した。翌年には関白を引き継いだ(32   )が再令した。さらに，この法令を基に全国戸口調査が実施され，職業による身分の固定化が進んだ。

3 ── 豊臣政権の外交

❶ 秀吉は九州平定の際，九州のキリスト教信者の多さや，(33   )がイエズス会に寄進されていた事実に驚き，(34   )を発して宣教師の国外退去を命じたが，貿易を禁止しなかったので，キリスト教の禁教は徹底されなかった。

❷ スペイン船が土佐に漂着した(35   )事件を契機に，キリスト教の布教活動が植民地化政策の一環であるという疑惑が深まり，スペイン系のフランシスコ会宣教師・信者を捕えて長崎で処刑した。これを(36   )という。

❸ 1588年，秀吉は(37   )を出して倭寇を禁じるとともに，豪商の渡航・貿易を奨励した。

❹ 朝鮮が，入貢と明出兵への先導を拒否したことから，秀吉は肥前名護屋に本陣を設け，2度の朝鮮侵略をおこなった。第1回目を(38   )，第2回目を(39   )という。

4 ── 桃山文化

❶ 信長・秀吉の時代の文化は，秀吉晩年の居城の所在地にちなんで(40   )と呼ばれている。壮大な(41   )建築はこの時代の新興大名の富と権力を象徴するものであった。

❷ 書院の襖・壁・屏風には金箔地に青・緑を彩色する(42   )の豪華な障壁画が描かれた。狩野派では(43   )が水墨画と大和絵の融合に成功し，門人の狩野山楽とともに活躍した。水墨画では海北友松や「松林図屏風」の(44   )が有名である。

❸ 彫刻では仏像彫刻が衰え，建物の内部などを飾る(45   )彫刻がさかんとなった。

❹ 堺の豪商(46   )は侘茶の様式を完成した。茶道は諸大名のあいだでも流行した。

❺ 南蛮人により伝えられた西洋画の影響を受けて(47   )が描かれた。また，宣教師ヴァリニャーニの伝えた活字印刷術によって，キリシタン版((48   )版)の『平家物語』や『伊曽保物語』などの出版もおこなわれた。

16 幕藩体制の成立

1 ── 江戸幕府の成立

1 徳川家康の全国統一

1590	北条氏滅亡 ⇨ 関東移封（250万石）
1600	**関ヶ原の戦い**→**石田三成**ら西軍撃破
1603	征夷大将軍宣下→**江戸幕府**開設
1605	2代将軍**秀忠**＝家康の**大御所**政治
1614	方広寺鐘銘問題 ⇨ **大坂の役**（冬の陣）
1615	大坂夏の陣→**豊臣秀頼**（豊臣氏滅亡）

2 幕府権力の基盤

軍事	①直参（将軍直属家臣団）**旗本・御家人** ②諸大名の軍役負担
経済力	①直轄領（幕領）400万石 ②鉱山：佐渡・伊豆・生野・石見大森 ③都市：江戸・京都・大坂・堺など ④貨幣鋳造権（金座・銀座・銭座） ⑤対外貿易

3 江戸幕府職制──譜代大名・旗本

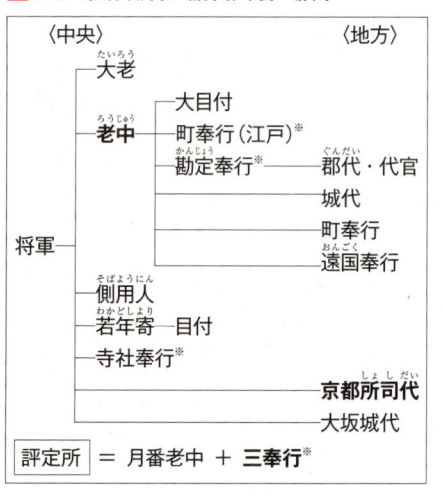

〈中央〉　　　　　　　　　　　〈地方〉

```
              ┌大老
              │         ┌大目付
              │老中─────┼町奉行（江戸）※
              │         ├勘定奉行※──郡代・代官
              │         ├城代
              │         ├町奉行
              │         └遠国奉行
  将軍────────┤
              ├側用人
              ├若年寄──目付
              ├寺社奉行※
              ├京都所司代
              └大坂城代
```

評定所 ＝ 月番老中 ＋ **三奉行**※

2 ── 幕府の統制政策

大名	大名の種類	**親藩** 徳川一門＝**三家**（尾張・紀伊・水戸の徳川氏）・**家門**（松平氏） **譜代** 三河以来古くからの累代の家臣（幕閣を構成・要所に配置） **外様** 関ヶ原の戦い前後に服属（遠隔地に配置）
	大名統制　大目付による監察	
	1615	**一国一城令**…大名の居城を1カ所に限定
	1615	**武家諸法度**…大名統制が目的。将軍代わりに発令　※違反→改易・減封・転封
	1635	**参勤交代**義務化（3代家光・武家諸法度寛永令）…在府1年・在国1年

朝廷統制	組織　京都所司代による監視
	1613　公家衆法度＝公家は家業（家職）と禁裏小番を務め（義務）とする
	1615　**禁中並公家諸法度**＝朝廷運営の基準を明示。官位・改元に幕府許可が必要
	1629　**紫衣事件**＝後水尾天皇の紫衣勅許を幕府が無効化→沢庵宗彭配流
	→退位，幕府優越を明確化…摂家・**武家伝奏**による朝廷操作

寺社統制	組織　寺社奉行による監察	**寺檀制度**（檀家制度）
	初期　（宗派ごと）**寺院法度**→**本末制度** ⇩　共通に統制 1665　**諸宗寺院法度**・**諸社禰宜神主法度**	檀那寺に檀家として登録することで，キリシタン・日蓮宗不受不施派でないと保証 →寺請証文発行（**寺請制度**）

百姓	領主―郡代／代官	共同体・**村請制**・**村法**・村入用・結・もやい 村政を担当 | 年貢(**本途物成**・**小物成**他)村内で割当・納入 **村方三役**=**名主**(庄屋・肝煎)・**組頭**・**百姓代** ↓ **五人組**制度…年貢納入・犯罪防止の連帯責任 **本百姓**(高持一年貢負担) **水呑**(無高)、名子・被官ら隷属民	村
	本百姓体制維持…確実な年貢徴収のため，百姓が貨幣経済に巻き込まれないように		
	1643 **田畑永代売買の禁止令**…土地売却による本百姓体制解体の防止		
	1643 **田畑勝手作りの禁**…たばこ・木綿・菜種など商品作物栽培を禁止		
	1673 **分地制限令**…分割相続による百姓の零細化の防止		
町人	領主―奉行	共同体(**町法**・町入用・町人足) 名主(庄屋・月行事)・家主・地主 町政を担当 ↓ 一般町人(地借・借家・店借・奉公人)	
身分制	支配層…武士(苗字・帯刀)・公家・僧侶・神職 被支配層…百姓・職人・商人・かわた(長吏)・非人 いわゆる「**士農工商**」		

3 ―― 江戸時代初期の外交

1 対外交流

(a)**リーフデ号豊後漂着**(1600)：**ヤン=ヨーステン，ウィリアム=アダムズ**を外交顧問に登用
　　　　　　　　　　　　　　　オランダ船(1609)・イギリス船(1613)来航，**平戸**に商館を開設
(b)**糸割符制度**(1604)：ポルトガル船舶載の**生糸**(白糸)を糸割符仲間により一括安値購入
　　　　　　　　　　　　　　　　　　　　　　└→五カ所商人(京都・堺・長崎・江戸・大坂)
(c)貿易拡張：①家康が田中勝介をメキシコに派遣(1610)
　　　　　　②仙台藩主伊達政宗が支倉常長をスペインに派遣(1613 **慶長遣欧使節**)
(d)**朱印船貿易**：**日本町**の形成(シャム王室での山田長政の重用)
(e)対馬藩：朝鮮との国交回復
　　　　　└→回答兼刷還使(朝鮮侵略の捕虜返還)⇨**通信使**(将軍就任を慶賀)
　　　　　　己酉約条(1609)…朝鮮の釜山に倭館を設置して交易
(f)薩摩藩の琉球支配：琉球侵攻(1609)→実質的に支配・通商交易権も掌握
　　　　　　　　└→名目上は独立国－中国との朝貢貿易継続，**謝恩使・慶賀使**の江戸参府
(g)松前藩のアイヌ交易：**商場知行制**→**シャクシャインの戦い**(1669)→**場所請負制度**

2 禁教と鎖国政策　目的：①キリスト教の禁止　②幕府の貿易独占

1612	幕府直轄領に**禁教令**	1636	ポルトガル人子孫を追放
1613	禁教令を全国に拡大	1637	**島原の乱**(益田〈天草四郎〉時貞)
1614	宣教師・高山右近らを海外追放		※絵踏の強化
1616	寄港地を**平戸・長崎**に制限	1639	ポルトガル船の来航を禁止
1622	元和の大殉教(長崎)	1640	宗門改役を設置
1623	イギリスが対日貿易から撤退	1641	オランダ商館を**出島**に移す
1624	スペイン船の来航を禁止		※**オランダ風説書**の提出
1633	**奉書船**以外の海外渡航禁止	1655	糸割符制を廃止(相対自由貿易)
1634	長崎に出島築造開始	1685	オランダ船・清船からの輸入額限
1635	海外渡航・帰国の全面禁止 　　(朱印船貿易の終焉)	1688	清船来航数の制限(70隻/年)
		1689	長崎に**唐人屋敷**を設置

16 スピード・チェック
幕藩体制の成立

1 ── 江戸幕府の成立

❶ 秀吉の死後，五大老筆頭の徳川家康と五奉行の(1   )の対立が表面化，1600年，両者は(2   )で激突し，勝利した家康は3年後に(3   )に就任，江戸に幕府を開いた。

❷ 家康は将軍職を息子の秀忠にゆずる一方，みずからは大御所として実権を握り続け，方広寺鐘銘問題をきっかけに，服従の姿勢をみせない秀吉の子(4   )を1615年の(5   )で攻め滅ぼした。

❸ 3代将軍(6   )の頃までに，強力な領主権をもつ将軍（幕府）と大名（藩）が土地と人民を統治する支配体制が確立した。これを(7   )という。

❹ 幕府の軍事力は，将軍直属の家臣団でお目見え以上の(8   )とお目見え以下の御家人，および諸大名の軍役で構成されており，圧倒的な力を保持していた。

❺ 幕府の財政は，直轄領（幕領）からの400万石にもおよぶ年貢のほか，(9   )・伊豆・但馬生野・石見大森など主要鉱山からの収入によって支えられていた。

❻ 幕府の職制は3代将軍家光の頃までに整備された。最高職の(10   )は常置ではなく，普段は(11   )が幕政を統轄するようになっていた。これに(11   )を補佐する若年寄を加えて幕府の中枢が構成された。

❼ 老中配下には大名を監察する(12   )や江戸の行政・司法にあたる町奉行，財政をあずかる勘定奉行などがおり，若年寄配下には旗本を監察する目付がいた。

❽ 寺社の監察にあたる寺社奉行と町奉行，勘定奉行をまとめて(13   )といい，老中とともに重要事項を(14   )で合議して裁決した。

❾ 京都には朝廷の統制や西国大名の監視をおこなう(15   )が，重要都市には城代や町奉行・遠国奉行がおかれ，幕領の百姓統制には郡代・(16   )が直接あたった。

2 ── 幕府の統制政策

❶ 大名には徳川氏の一門である(17   )，三河以来古くから徳川氏に臣従していた(18   )，関ヶ原の戦い前後に服属した(19   )があった。

❷ 幕府は大坂の役直後の1615年，大名の居城を一つに限る(20   )を出すとともに，南禅寺金地院崇伝が起草した(21   )を制定して大名統制の基本法とした。3代将軍家光は(21   )の寛永令で，大名が国元と江戸を1年交替で往復する(22   )を義務づけた。

❸ 朝廷は政治的にはすでに無力であったが，幕府は1615年に(23   )を制定して朝廷統制の基準とした。また，摂家や武家伝奏を通じて朝廷操作をおこなった。

❹ 1629年，大徳寺の僧沢庵らが幕府によって処罰された(24   )を不服とする後水尾天皇が退位した。これは幕府の朝廷に対する優位を明示する事件であった。

❺ 幕府は寺院に対し，(25   )で宗派ごとの寺格や本末関係を守らせ，1665年には諸宗寺院法度を出して寺院や僧侶を統制した。神社には諸社禰宜神主法度が出された。

❻ 検地帳に登録され，年貢を負担する義務のある百姓を(26   )，田畑をもたず納税義務

をもたない百姓を水呑と呼んだ。村民は(27)と呼ばれる共同労働で相互に助けあったが、一方で(28)に編成され年貢納入や犯罪防止で連帯責任を負った。

❼ 村は(29)・組頭・百姓代からなる村役人(30)を中心に本百姓によって運営され、村役人が年貢・諸役の割りあてや納入を責任をもっておこなった。これを村請制という。

❽ (31)とは田畑・屋敷に対する税で、税率は5公5民から4公6民であった。そのほか山野河海からの収益などにかかる(32)、土木工事などの労働課役である夫役や国役、公用通行の運送補助にあたる伝馬役などがあった。

❾ 幕府は1643年に、(33)を出して土地の売却を、(34)で商品作物の栽培を禁じた。1673年には(35)で分割相続に制限を加え、本百姓体制の維持につとめた。

❿ 江戸時代の身分制では、(36)・切捨御免などの特権をもつ武士や、天皇家・公家・上層の僧侶・神職なども支配階級で、その下に百姓とおもに都市民の工・商人からなる町人がいた。こうした社会の秩序を(37)と呼ぶこともある。

3 ── 江戸時代初期の外交

❶ 1600年、オランダ船(38)が豊後に漂着した。家康は、この船の航海士(39)と水先案内人の(40)を外交顧問として登用した。その後、オランダは1609年に、イギリスは1613年に来日し、幕府の許可を得て肥前(41)に商館を開いた。

❷ 幕府は、輸入生糸売買におけるポルトガル商人の利益独占を排除するため、京・堺・長崎の商人らに(42)をつくらせ、輸入生糸を一括購入させた。この制度を(43)という。のち京・堺・長崎に江戸・大坂の商人を加え、五カ所商人と呼ばれた。

❸ スペインとの通交を考えた家康は、京都の商人田中勝介をメキシコに派遣した。仙台藩主伊達政宗も家臣(44)をスペインに派遣したが、これを慶長遣欧使節という。

❹ 幕府から渡航許可が与えられた船を(45)といい、東南アジア各地に形成された日本人居住地を(46)という。渡航した日本人の中にはアユタヤ朝に仕えた(47)もいた。

❺ 対馬藩主は1609年に朝鮮と己酉約条を結んで国交を回復し、釜山に倭館をおいて交易をおこなった。また、朝鮮からは新将軍の就任を慶賀して(48)が来府した。

❻ 幕府は、1612年に(49)を出してキリスト教を禁止した。1614年、高山右近らをマニラ・マカオに追放し、1622年には長崎で多数の信徒を処刑する(50)をおこした。

❼ 1637年、領主の苛酷な年貢取立てに抵抗して、(51)を首領とするキリシタン百姓ら3万余が原城跡に立てこもる一揆をおこした。これを(52)という。

❽ 幕府はキリスト像やマリア像を踏ませてキリシタンを摘発する(53)をおこなったり、宗門改めと呼ばれる信教調査を実施した。また、民衆を強制的に寺院に所属させてキリシタンでないことを証明させる(54)を定めた。

❾ 幕府は貿易統制のうえから、1616年、ヨーロッパ船の寄港地を平戸と(55)に制限し、1624年にはスペイン船の来航を禁止した。1633年には(56)以外の日本船の渡航を禁じ、1635年には海外渡航と在外日本人の帰国を全面禁止した。

❿ 1639年、ポルトガル船の来航が禁止され、1641年にはオランダ商館が長崎の(57)に移された。中国(清)人も1689年には長崎の(58)に居住地を限定された。

17 幕藩体制の安定

1── 文治政治への転換
1 文治政治への転換

武断政治	初代家康〜3代家光 将軍個人の政治的・軍事的資質を背景として 軍事敵対・法令違反・無嗣(後継者なし)を理由に大名を改易・減封・転封

↓ 由井正雪の乱(慶安の変, 1651) ⇐ 平和・安定に反発した「かぶき者」の増加
　　　　　　　　　　　　　　　　　改易により失業した牢人の増加

文治政治	4代家綱←[補佐] 保科正之・松平信綱 4代家綱(11歳)の将軍就任を正当化するため 儒教理念(忠・孝)による教化, 身分格式の重視, 儀礼の整備を進めた 　※改革：①**末期養子の禁止**の緩和 　　　　　②**殉死の禁止**・証人制の廃止←寛文の二大美事 　　　　　③**領知宛行状の発給**－将軍権威の確認

2 諸藩の文教政策…儒学者を招請し, 藩政刷新

保科正之(会津)：朱子学者山崎闇斎の招請, 3代家光の弟として甥の4代家綱を補佐
池田光政(岡山)：陽明学者熊沢蕃山の登用, 郷校(郷学)閑谷学校の設立, 蕃山の花畠教場
徳川光圀(水戸)：明から亡命した儒学者朱舜水の招聘・『大日本史』編纂(彰考館)
前田綱紀(加賀)：朱子学者木下順庵の招請

2── 元禄・正徳期の政治
1 元禄時代…5代綱吉←[補佐] 大老堀田正俊→暗殺後, 側用人**柳沢吉保**

文治政策	①**湯島聖堂**の設立(林鳳岡〈信篤〉大学頭に就任) ②朝廷儀式の復興(大嘗会再興・勅使応対儀礼の重視 ⇨ 赤穂事件) ③**服忌令**(1684 服喪日数の規定) ④**生類憐みの令**(1685 極端な動物愛護令)
財政破綻	①鉱山収入の減少 ⇨ ②**明暦の大火**(1657)の江戸復興費用　③元禄期の寺社造営費用
財政政策	勘定吟味役荻原重秀→貨幣改鋳による増収 ⇨ 物価騰貴 　　　　　金の含有量を減らし, 質の劣った**元禄小判**の発行増

2 正徳の政治…6代家宣・7代家継←[補佐] 朱子学者**新井白石**・側用人間部詮房

文治政策	将軍権威の強化 ①生類憐みの令を廃止 ②**閑院宮家**の創設→朝幕関係の融和 ③通信使の待遇簡素化と将軍の称号を「日本国王」に改定

17 幕藩体制の安定

| 財政政策 | ①再度の貨幣改鋳(**正徳小判**)による物価抑制⇨かえって社会が混乱
②**海舶互市新例**(長崎新令・正徳新令，1715 貿易額制限⇨金銀流出を防止) |

3 ── 経済の発展

1 農業の進展	耕地拡大	①灌漑整備(駿河箱根用水・武蔵見沼代用水など) ②新田開発(干潟・湖沼の干拓，荒蕪地の開墾)
	農業技術	①農具(深耕…**備中鍬**，脱穀…**千歯扱**，選別…唐箕・**千石簁**，灌漑…**踏車**) ②肥料(刈敷，下肥，**金肥**…干鰯・〆粕・油粕・糠) ③農書(宮崎安貞『**農業全書**』，大蔵永常『農具便利論』『広益国産考』)
	商品作物	四木(桑・楮・茶・漆)三草(麻・藍・紅花)・綿・野菜・たばこなど
2 諸産業の発達	水産業	①網漁…上方漁民が全国に伝播(鰯・鰊→干鰯・〆粕) ②鰹節(薩摩・土佐・伊豆)　③捕鯨(紀伊・土佐・肥前・長門) ④俵物(干し鮑・いりこ・ふかひれ)　蝦夷地で生産→中国(清)向け輸出品
	製塩業	**入浜塩田**(瀬戸内海の播磨赤穂・讃岐坂出)
	林業	建築資材(**木曽檜・秋田杉**など)，薪・炭の供給
	鉱山業	①金銀産出量の急減⇨**銅**(出羽阿仁・下野足尾・伊予別子)の海外輸出 ②鉄の**たたら製鉄**(中国・東北地方)⇨玉鋼の普及
	手工業	**農村家内工業**(地機による織物など) ⇨ **問屋制家内工業** ⇨ **工場制手工業**(マニュファクチュア)
	名産品	①織物…**西陣織(高機)**・桐生絹・河内木綿・奈良晒など ②陶磁器…有田焼・京焼・九谷焼・瀬戸焼・備前焼など ③醸造…**伏見・灘**の酒，野田・銚子の醤油など
3 交通の整備	陸上	**五街道**(東海道・中山道・甲州道中・日光道中・奥州道中)と脇街道 ①宿駅(**問屋場**〈**伝馬役差配**，**継飛脚**〉・**本陣**・脇本陣・旅籠屋)→助郷役 ②**一里塚**，関所(箱根・新居，碓氷・木曽福島，栗橋)の整備
	海運	①**南海路**(大坂⇄江戸)…**菱垣廻船・樽廻船** ②**東廻り・西廻り海運**(出羽酒田を起点)**河村瑞賢** ③**北前船**(松前⇄大坂) ④尾張内海船
	河川	賀茂川・富士川・高瀬川の舟運を整備…**角倉了以**
4 金融	三貨	金貨(計数貨幣)・銀貨(**秤量貨幣**)・銭貨(計数貨幣) 東(江戸中心)の**金遣い**・西(大坂中心)の**銀遣い**⇨**両替商**(三貨両替) 金融：**本両替**(幕府・藩の公金出納・貸付・為替)，札差，蔵元，掛屋
5 三都の発展	江戸	政治都市　浅草米蔵(幕府直轄領の年貢米→旗本・御家人) 「将軍のお膝元」　→**札差**(旗本・御家人の蔵米の売却や金融)
	大坂	商業都市　**蔵屋敷**(諸藩の年貢米・特産品＝蔵物を換金) 「天下の台所」　→**蔵元**(蔵物の取引)・**掛屋**(蔵物代金の出納・送金) 　　　　　　　**納屋物**(農民から仕入れた商品作物など)
	京都	文化・宗教都市　寺社の存在，呉服屋・両替商の本拠，西陣織など手工業
6 商業	形態	①問屋仲間(江戸**十組問屋**，大坂**二十四組問屋**)→仲買仲間→小売・行商人 ②卸売市場(大坂…**堂島米市場**・雑喉場魚市場，江戸…日本橋魚市場) ③行商人…**振売**・棒手振

17 幕藩体制の安定

スピード・チェック

1 ── 文治政治への転換

❶ (1　　)が4代将軍を継いだ頃には幕藩体制は安定期を迎えていた。しかし，一方で，太平の世に飽きたらず秩序におさまらない「かぶき者」の横行や大名の改易などによる(2　　)の増加が社会問題となっていた。

❷ 幕府の支配方針が武断政治から，儒教理念にもとづく教化と儀礼・法律の整備により，幕府権威と社会秩序を維持しようとする(3　　)へと転換したのは，1651年，家光の死の直後に由井正雪ら不満をもつ牢人がおこした(4　　)がきっかけであった。

❸ 家綱は，牢人発生の原因となる大名改易を減らすために(5　　)の禁止を緩和し，さらに(6　　)を禁止して戦国時代の遺風の除去につとめた。また，すべての大名に対して，改めて領地を与える(7　　)を発給して，将軍の権威を確認した。

❹ 叔父として幼少の4代将軍家綱を補佐した会津藩主(8　　)は，朱子学者の山崎闇斎を招請し，文治政治による藩政の刷新をはかった。

❺ 岡山藩主(9　　)は陽明学者の熊沢蕃山を登用して郷校(郷学)閑谷学校を設立し，蕃山は花畠教場を設けた。また，水戸藩主(10　　)は江戸藩邸に彰考館を建て『大日本史』の編纂を開始し，加賀藩主(11　　)は朱子学者木下順庵らをまねいて文教政策を進めた。

2 ── 元禄・正徳期の政治

❶ 政治の安定と経済の発展とを背景にした5代将軍(12　　)の治世が元禄時代である。当初，大老堀田正俊が補佐したが，正俊暗殺後は側用人(13　　)がこれにかわった。

❷ 綱吉は上野忍ケ岡にあった林家の孔子廟と私塾を湯島に移し，これを湯島聖堂・聖堂学問所として整備，朱子学者(14　　)を大学頭に任命した。

❸ 1684年，喪に服したり忌引をする日数を定めた服忌令が出され，翌年の(15　　)とともに，殺生や死・血を忌み嫌う風潮をつくり出した。

❹ 鉱山収入の減少や1657年の(16　　)から江戸城と市街を復興するばく大な費用などで，幕府財政は破綻をみせた。綱吉は勘定吟味役(17　　)の建策を入れて貨幣改鋳をおこない，慶長小判よりも質の劣った元禄小判を発行することで多大な増収をあげた。

❺ 6代将軍家宣・7代将軍家継を補佐して政治の刷新につとめたのは，朱子学者(18　　)と側用人(19　　)であった。彼らが展開した政治を(20　　)という。

❻ 白石は朝廷に費用を献じて，(21　　)という新しい宮家創設などをおこなうことで朝幕間の融和をはかったり，また朝鮮の(22　　)の待遇を簡素化し，国書記載の将軍の称号を「日本国王」に改めるなどして，将軍職の権威を高めることにつとめた。

❼ 金の含有率が慶長小判と同じ正徳小判を発行して物価騰貴をおさえようとした。また，長崎貿易での金銀流出を防ぐため1715年に(23　　)を発し，貿易額に制限を加えた。

3 ── 経済の発展

17　幕藩体制の安定

❶ 大河川の治水工事や，芦ノ湖を水源とする駿河の(24　)用水や利根川から分水した見沼代用水の整備，新田開発によって，近世前期には耕地面積が2倍近くに拡大した。

❷ 農具の改良も進み，深耕用の(25　)，脱穀用の(26　)，選別用の唐箕や(27　)，灌漑用の踏車などが考案され，肥料も従来の刈敷に加え，都市周辺部では下肥が利用され，また綿などの(28　)栽培においては干鰯・油粕などの(29　)が使用された。

❸ 新しい栽培技術や農業知識を説いた農書も著され，宮崎安貞の『(30　)』や大蔵永常の『農具便利論』『広益国産考』が世に出た。

❹ 漁業では，上方漁民により全国に伝播した網漁により，大量に獲られるようになった鰯や鰊は(31　)や〆粕などに加工され，商品作物栽培の金肥として流通した。

❺ 干し鮑・いりこ・ふかひれを詰めた(32　)は，17世紀末以降，銅にかわって，長崎貿易における中国(清)への主要輸出品となった。

❻ 播磨赤穂や讃岐坂出などの瀬戸内海沿岸で，(33　)塩田による製塩業が発達した。

❼ 鉱山業では17世紀後半，金銀の産出量が急減し，かわって銅の産出と輸出がのびた。主な銅山には出羽阿仁・下野足尾・伊予(34　)などがある。

❽ 農村における手工業生産は，麻・木綿・絹織物において零細な(35　)工業がみられ，低い腰掛けに座り，足を動かして使う地機と呼ばれる織機が使われた。京都西陣では高度な技術を要する(36　)で，独占的に高級織物が織られていた。

❾ 江戸日本橋を起点とする幕府直轄の主要幹線道路を，総称して(37　)と呼ぶ。

❿ 街道には宿駅がおかれ，(38　)という路程標，「入鉄砲に出女」を取り締まる(39　)が設けられた。宿駅には伝馬役の差配や継飛脚に当たる(40　)のほかに，大名の宿泊する(41　)・脇本陣，一般旅行者向けの旅籠屋などがおかれた。

⓫ 海上運輸では，南海路に菱垣廻船や酒荷専門の(42　)が運行し，17世紀後半には，江戸の商人(43　)によって東廻り・西廻り海運が整備された。河川舟運では，京都の商人(44　)によって，賀茂川・富士川・高瀬川などの新水路が開かれた。

⓬ (45　)とは金貨・銀貨・銭貨をさし，それぞれ幕府の金座・銀座・銭座で鋳造された。江戸時代，東日本ではおもに金が，西日本では銀が使用されていたので，貨幣の両替や，幕府などの公金出納，為替を営む(46　)と呼ばれる商人が存在した。

⓭ 江戸・大坂・京都を(47　)と呼ぶ。「将軍のお膝元」である江戸は政治都市として発達し，18世紀前半には人口100万人を数えた。商業都市である大坂には，諸藩の年貢米や特産物を保管する(48　)が軒を並べ，京都は文化・宗教都市としての特色をもった。

⓮ 江戸浅草の幕府の米蔵から旗本・御家人にかわって禄米を受領し，売却を請け負った商人を(49　)といい，彼らはのちに，旗本らへの金融も兼ねるようになった。

⓯ 諸藩が大坂においた蔵屋敷へ運ばれた年貢米や特産物，すなわち蔵物の取引にたずわる商人を(50　)，代金などの出納にあたった商人を(51　)という。

⓰ 江戸・大坂間の荷物の荷積に当たった問屋商人は，江戸で十組問屋を，大坂で(52　)を設立し，荷物運送の安全，海損の共同保障，流通の独占をめざした。

⓱ 人口や物資取扱量の多い大坂や江戸には，専門品目を取り扱う卸売市場が発達した。大坂の(53　)米市場や雑喉場魚市場，江戸の日本橋魚市場がよく知られる。

69

18 幕藩体制の動揺と改革

1── 社会の動揺と幕政の改革

❶ 享保の改革(1716〜45　8代将軍徳川吉宗〈元紀伊藩主〉)

方針	①財政再建　②江戸の都市政策　③国家制度の整備(政権末期に推進)
政策	①人事　将軍権力の強化(側用人の廃止，御用取次の新設) 　　　　人材登用…大岡忠相・田中丘隅・室鳩巣・荻生徂徠 ②財政再建　〔支出の抑制〕倹約令・足高の制 　　　　　　〔増収策〕上げ米(1730廃止)・定免法(年貢増徴)・新田開発奨励・ 　　　　　　堂島米市場公認(米価上昇策) 　　　　　　〔新産業の奨励〕商品作物栽培，漢訳洋書の輸入制限緩和 ③社会政策　防火体制(町火消)，目安箱(→小石川養生所設置) ④制度整備　〔法の整備〕相対済し令(金銭訴訟対策)，公事方御定書 　　　　　　〔将軍職の安定〕…三卿創設(田安家と一橋家，清水家は家重の時)
結果	①財政の一時的回復　②享保の飢饉(1732)→打ちこわし(1733，江戸)

❷ 田沼時代(1772〜86　老中田沼意次…10代将軍家治を補佐)

方針	財政再建(重商主義的政策)
政策	①株仲間公認(運上・冥加の徴収，専売制の拡張) ②南鐐二朱銀(秤量貨幣の定量・計数銀貨化→金貨中心の貨幣制度) ③長崎貿易拡大(銅・俵物輸出，金・銀輸入) ④新田開発推進(印旛沼・手賀沼の干拓事業→完成せず) ⑤蝦夷地開発(工藤平助『赤蝦夷風説考』，ロシア交易検討〈1786〉)
結果	①経済活性化→宝暦・天明期の文化　　②天明の飢饉，浅間山噴火→一揆・打ちこわし ③賄賂・縁故人事→田沼意知刺殺(1784)　将軍家治死去→意次の老中罷免(1786)

❸ 寛政の改革(1787〜93　老中松平定信〈白河藩主〉…11代将軍徳川家斉を補佐)

方針	①農村復興(財政基盤再建)　②江戸の治安問題解決　③外国勢力への対処
政策	①農村復興　旧里帰農令，囲米(社倉・義倉) ②都市政策　米価引下げ・物価抑制，勘定所御用達(豪商を登用) 　　　　　　石川島人足寄場(無宿者・軽犯罪者対策)，七分積金(貧民救済) ③幕臣処遇　棄捐令(負債減免) 　　　　　　寛政異学の禁(昌平坂学問所を直轄化，寛政三博士の登用) ④社会統制　出版統制令(洒落本作家山東京伝，海防論者林子平ら処罰)
結果	①倹約令・統制策→庶民の反発 ②尊号一件(光格天皇が閑院宮家から皇位継承→父への尊号(太上天皇の称号)宣下要請 　⇨定信が反対し中止)→定信隠居，天皇の権威高揚

4 大御所政治（1793〜1841　文化・文政期，11代将軍徳川家斉〈1837退任→大御所〉）

政策	治安対策　**関東取締出役**・寄場組合（関東での無宿人・博徒取締り） 財政再建　貨幣改鋳（文政小判・天保小判）→物価上昇
結果	①放漫財政→化政文化が発展 ②**天保の飢饉**（1832〜38）→三河加茂一揆・甲斐郡内一揆（1836） 　**大塩平八郎の乱**（1837）⇨地方に波及（**生田万の乱**）

5 天保の改革（1841〜43　老中**水野忠邦**〈浜松藩主〉…12代将軍**徳川家慶**を補佐）

方針	①享保・寛政の改革にならう　②財政再建　③海防充実　④幕府権力強化
政策	①社会統制　倹約令，出版統制（人情本作家為永春水・合巻作家柳亭種彦ら処罰） ②財政再建　**人返しの法**（江戸流入民の帰村強制）⇨無宿人・博徒が江戸周辺に出没 　　印旛沼干拓再開（印旛沼掘割工事） ③経済政策　**株仲間の解散**（流通混乱で1851廃止），棄捐令
結果	①将軍の日光参詣（幕威回復策⇨庶民の反発） ②**上知令**（1843）　反対が強いため撤回→忠邦失脚

2 ── 幕府の衰退と近代化への道

1 社会の変容

百姓一揆	**代表越訴型一揆**（17世紀後半）⇨**惣百姓一揆**（17世紀末）
村の変化	①百姓の階層分化→地主が商業・金融に進出し豪農に成長 ②自給自足の動揺→豪農と小百姓・小作人の対立→**村方騒動**
打ちこわし	①原因…物価上昇や飢饉→下層民の生活破綻 ②**享保の飢饉**（1732）や**天明の飢饉**（1782〜87）の影響
都市の変化	①中心部で家持町人減少，地借・店借・商家奉公人が増加 ②村からの出稼ぎ者が都市流入→下層民増加（裏長屋や場末に居住）
農村復興	報徳仕法（二宮尊徳，19世紀前半），性学（大原幽学，19世紀中頃）

2 鎖国の動揺

1786	**最上徳内**ら蝦夷地へ派遣	1808	**間宮林蔵**の樺太探査
1792	ロシア使節**ラクスマン**根室に来航 （大黒屋光太夫送還）	1808	**フェートン号事件**
1793	松平定信，江戸湾の防備強化	1811	**ゴローウニン事件**（高田屋嘉兵衛を抑留）
1798	近藤重蔵・最上徳内の千島探査	1825	**異国船打払令**（無二念打払令）
1804	ロシア使節**レザノフ**長崎に来航	1837	**モリソン号事件**（渡辺崋山『慎機論』・ 高野長英『戊戌夢物語』）
1807	蝦夷地全島を直轄化（〜1821）	1839	**蛮社の獄**（渡辺・高野らを処罰）

3 雄藩の登場

薩摩藩	**調所広郷**登用（負債整理，黒砂糖専売）→藩主島津斉彬，集成館（反射炉築造）
長州藩	**村田清風**登用（負債整理，専売制強化，**越荷方**設置）
肥前藩	藩主**鍋島直正**（均田制，反射炉・大砲製造所）
土佐藩	おこぜ組（緊縮財政，軍事力強化）
水戸藩	藩主**徳川斉昭**（弘道館，反射炉→藩内保守派の反対にあう）

18 幕藩体制の動揺と改革

スピード・チェック

1 ── 社会の動揺と幕政の改革

❶ 紀州藩出身の8代将軍(1　　)が，30年にわたって取り組んだ改革を享保の改革という。

❷ 人材の登用と支出の抑制のために，吉宗は(2　　)を定めて，旗本のつく役職の標準石高を設け，それ以下のものが就任する場合は在職中のみ不足分を補うこととした。

❸ 吉宗は，倹約令を発して支出をおさえ，増収策として諸大名から石高1万石につき米100石を上納させる(3　　)を実施し，そのかわりに参勤交代の負担をゆるめた。

❹ 江戸の民政は，吉宗が登用した町奉行(4　　)を中心に進められた。町方独自の消防組織として(5　　)が編成されたほか，評定所門前におかれた(6　　)への庶民の投書を採用して，貧民の医療救済施設である(7　　)が設けられた。

❺ 吉宗は判例にもとづく合理的な司法判断を進めるため(8　　)を制定した。また，増加する金銀貸借についての紛争には，当事者間での解決をはかる(9　　)を制定した。

❻ 9代将軍家重を経て，10代将軍家治の時代に用人から老中となって実権を握った(10　　)は，殖産興業を中心とする重商主義的政策を積極的に展開した。

❼ 意次は商人や手工業者の仲間である(11　　)を公認し，運上・冥加などの営業税の増収につとめた。また，(12　　)・手賀沼の干拓による新田開発を試みたり，仙台藩医(13　　)の意見を入れて，蝦夷地開発やロシア人との交易を計画した。

❽ 意次は定量の計数銀貨を発行し，金を中心とする貨幣制度への一本化をはかった。1772年から鋳造された(14　　)は，そのような銀貨の代表例である。

❾ 田沼時代には，東北地方の冷害や浅間山の大噴火がもとで，多数の犠牲者が発生した(15　　)がおきている。

❿ 白河藩主(16　　)は老中となり，11代将軍を補佐して幕政の改革に着手した。江戸の治安問題や外国勢力に対応するための彼の改革を(17　　)という。

⓫ 定信は飢饉などで荒廃した農村の復興をめざし，生業をもたないものに資金を与えて農村に帰らせる(18　　)を出した。また，社倉・義倉をつくらせて貯穀する(19　　)を農村に命じて，飢饉や災害に備えさせた。

⓬ 定信は江戸の石川島に(20　　)を設けて無宿人らを収容し，治安対策をはかるとともに就業指導をおこなった。また，江戸の町々には町入用の節約額の7割を積み立てさせる(21　　)を命じて，飢饉や災害に備えさせた。

⓭ 改革政治を担う旗本・御家人の生活安定をはかる目的から，定信は(22　　)を発して，札差らに6年以前の債務を破棄するように命じた。

⓮ 1790年，定信は聖堂学問所で朱子学以外の講義を禁止する(23　　)を出した。また7年後には聖堂学問所を官立の(24　　)に改め，学科試験による人材登用をめざした。

⓯ 定信は風俗矯正や出版統制を断行し，『三国通覧図説』『海国兵談』の著者(25　　)や洒落本作家(26　　)，黄表紙作家の(27　　)，出版元の蔦屋重三郎らが処罰された。

⓰ 1789年，定信は光格天皇の実父への尊号宣下に反対し，関係する公家を処分した。こ

の事件は(28   )と呼ばれ，これまでの朝幕協調関係が崩れるきっかけとなった。
❶ 定信の老中辞任後，文化・文政時代を中心に将軍として在職し，次の家慶の時代には大御所(前将軍)として，あわせて半世紀近く実権を握り続けたのは(29   )である。
❶ 大御所時代には，綱紀が緩み治安も悪化したので，幕府は「八州廻り」とも呼ばれた(30   )や寄場組合を設けて犯罪者の取締りや農村秩序の維持に当たらせた。
❶ 天保の飢饉での大坂町奉行所の無策に憤った元与力で陽明学者の(31   )が蜂起した。この事件は，同年，(32   )による越後柏崎での陣屋襲撃を誘発した。
❷ 家斉の死後，12代将軍家慶を補佐して内憂外患の状況に挑んだのは，浜松藩主の老中(33   )であった。しかし，厳格で復古的な政策に人びとの不満が高まった。
❷ 忠邦は人情本作家の(34   )らを処罰するなど，風俗矯正と倹約をきびしく実行した。
❷ 江戸の貧民の帰農を強制し，農村復興をはかろうとして，忠邦は(35   )を発した。また，都市の物価を抑制するために(36   )を命じたが，ともに効果はなかった。
❷ 忠邦は1843年に(37   )を発し，江戸・大坂周辺を直轄地にして増収と対外防備の強化をはかろうとしたが，反対が多く失敗し，幕府権力の衰退を露呈することになった。

2 ── 幕府の衰退と近代化への道

❶ 17世紀後半から，村々の代表者が百姓全体の要求をまとめて領主に直訴する(38   )が増え，17世紀末には各地で広範囲にわたる村々が団結して大規模な(39   )をおこした。
❷ 18世紀後半以降，各地の農村では，小百姓らと村役人を兼ねる豪農との間の対立が深まり，村の民主的経営を求める(40   )が多発した。
❸ 都市では，貧民が米の安売りなどを要求して商家を襲う(41   )が多発した。
❹ 江戸時代後期の農村復興策として，(42   )の報徳仕法や(43   )の性学のような試みがなされたが，もはや幕藩体制の危機を防ぐ有効な手段とはなり得なかった。
❺ ロシア使節(44   )が1792年に大黒屋光太夫の送還と通商交渉を兼ねて根室に来航し，1804年には(45   )が長崎に来航した。1811年には，日露間で(46   )が発生した。
❻ 田沼時代に(47   )が蝦夷地に派遣された。寛政期には(48   )が(47   )とともに千島を探査し「大日本恵登呂府」の標柱を立てた。文化期には(49   )が樺太を探査した。
❼ 長崎で1808年に(50   )が発生し，その後もイギリス船などによる薪水・食糧の強要事件が続発したため，幕府は1825年に(51   )を発して外国船の撃退を命じた。
❽ 1837年の(52   )を機に，(53   )は『慎機論』で，(54   )は『戊戌夢物語』で幕府の鎖国政策を批判したため，1839年に逮捕された。この事件を(55   )という。
❾ 薩摩藩では下級藩士の(56   )が藩政改革に着手し，藩財政を立て直した。さらに藩主島津斉彬の時には，反射炉や造船所などの洋式工場群「集成館」が建設された。
❿ 長州藩では(57   )が多額の借財を整理し，専売制の改革や越荷方の設置をおこなって財政の再建に成功した。土佐藩でも改革派が緊縮による財政再建につとめた。
⓫ 肥前藩主(58   )は均田制により本百姓体制再建をはかり，大砲製造所を設け洋式軍事工業を導入した。水戸藩主(59   )が改革につとめたが保守派の抵抗で挫折した。
⓬ 幕府では末期に代官(60   )が伊豆の韮山に反射炉を築いて大砲製造に着手した。

19 寛永，元禄，宝暦・天明，化政文化

1 ── 寛永期～元禄文化

1 儒学の興隆

朱子学	①京学　藤原惺窩 ⇨	林羅山 ⇨ 林鵞峰・鳳岡(信篤)(大学頭を世襲) 松永尺五 ⇨ 木下順庵 ⇨ 新井白石・室鳩巣
	②南学　土佐で創始(戦国期) ⇨ 谷時中 ⇨ 山崎闇斎(垂加神道)・野中兼山	
陽明学	中江藤樹(藤樹書院) ⇨ 熊沢蕃山『大学或問』	
古学派	①聖学　山鹿素行『聖教要録』　　②堀川学派(古義学)　伊藤仁斎(古義堂) ⇨ 東涯 ③古文辞学　荻生徂徠(蘐園塾)『政談』⇨ 太宰春台『経済録』⇨ 経世論	

2 諸学問の発達

歴史学	林羅山・鵞峰『本朝通鑑』，山鹿素行『中朝事実』，徳川光圀(彰考館)『大日本史』， 新井白石『読史余論』
国文学	戸田茂睡(和歌研究)，契沖『万葉代匠記』，北村季吟(幕府歌学方)
自然 科学	①本草学　貝原益軒『大和本草』・稲生若水『庶物類纂』 ②和算　吉田光由『塵劫記』⇨ 関孝和『発微算法』 ④天文・暦学　渋川春海(安井算哲)，貞享暦作成→幕府天文方

3 文学と芸術…上方中心

文学	①俳諧　貞門俳諧(松永貞徳) ⇨ 談林俳諧(西山宗因) ⇨ 蕉風(正風)俳諧(松尾芭蕉) ②浮世草子　井原西鶴(好色物，町人物，武家物)
芸能	①人形浄瑠璃　近松門左衛門，辰松八郎兵衛，竹本義太夫(義太夫節) ②歌舞伎　女歌舞伎 ⇨ 若衆歌舞伎 ⇨ 野郎歌舞伎 　　　　　荒事…初代市川団十郎　和事…坂田藤十郎，女形…芳沢あやめ
美術 工芸	①御用絵師　狩野派(幕府，探幽)，土佐派(朝廷，光起)，住吉派(幕府，如慶・具慶) ②装飾画　俵屋宗達 ⇨ 琳派(尾形光琳)　③浮世絵　菱川師宣(肉筆 ⇨ 版画) ④工芸　酒井田柿右衛門(赤絵) ⇨ 野々村仁清(色絵・京焼) 　　　　尾形乾山(蒔絵)，宮崎友禅(友禅染)

2 ── 宝暦・天明期の文化

1 学問と思想の発達

洋学	①正徳期　西川如見(『華夷通商考』)，新井白石(『西洋紀聞』『采覧異言』) ②享保期　漢訳洋書輸入制限緩和，野呂元丈・青木昆陽のオランダ語研究→蘭学 ③宝暦・天明期　前野良沢・杉田玄白(『解体新書』) ⇨ 大槻玄沢(『蘭学階梯』) ⇨ 　　　　　　　　稲村三伯(『ハルマ和解』)，宇田川玄随(『西説内科撰要』)，平賀源内(エレキテル)

19 寛永, 元禄, 宝暦・天明, 化政文化

国学	①系譜　荷田春満⇨賀茂真淵 ｛本居宣長『古事記伝』⇨平田篤胤(復古神道) / 塙保己一『群書類従』｝
	②尊王論　水戸学(大義名分論)→大政委任論, 宝暦事件(1758)⇨明和事件(1767)
儒学	朱子学(寛政異学の禁で正学に), 折衷学派, 考証学派
教育	①藩校(藩学)　日新館(会津)・興譲館(米沢)・時習館(熊本)・造士館(薩摩)
	②郷校(郷学)　閑谷学校(岡山)・懐徳堂(大坂, 富永仲基・山片蟠桃らを輩出)
	③私塾　芝蘭堂(大槻玄沢)・鈴屋(本居宣長)　　④庶民教育　寺子屋
庶民	心学(石田梅岩⇨手島堵庵), 封建体制批判(安藤昌益『自然真営道』)

2 文学と芸術　※寛政の改革で弾圧

文学	洒落本(山東京伝※), 黄表紙(恋川春町※), 川柳(柄井川柳), 読本(上田秋成)
	狂歌(大田南畝〈蜀山人〉・石川雅望〈宿屋飯盛〉)
芸能	人形浄瑠璃(二世竹田出雲⇨近松半二), 歌舞伎(中村・市村・森田の三座)
美術	①浮世絵　錦絵(鈴木春信⇨喜多川歌麿・東洲斎写楽…大首絵)
	②写生画　円山応挙(円山派)　③文人画　池大雅・蕪村　④洋風画　平賀源内

3 ── 化政文化

1 学問・思想と教育

体制批判	①経世家　海保青陵(『稽古談』)・本多利明(『経世秘策』)・佐藤信淵(『経済要録』)
	②水戸学(後期)　藤田幽谷・東湖, 会沢安(→尊王攘夷論)
国学	平田篤胤　宣長没後の門人, 復古神道
洋学	①発展　測地学(伊能忠敬『大日本沿海輿地全図』), 洋書翻訳(蛮書和解御用)
	暦学(高橋至時…寛政暦, 高橋景保, 志筑忠雄『暦象新書』)
	②弾圧　シーボルト事件(1828), 蛮社の獄(1839)
教育	私塾　適々斎塾(適塾, 大坂)・咸宜園(豊後日田)・鳴滝塾(長崎)・松下村塾(萩)

2 文学と芸術…江戸中心　※天保の改革で弾圧

文学	①小説…滑稽本(式亭三馬・十返舎一九), 人情本(為永春水※)
	合巻(柳亭種彦※), 読本(曲亭馬琴)
	②俳諧(小林一茶)　③和歌(香川景樹・良寛)
	④紀行(菅江真澄・鈴木牧之『北越雪譜』)
美術	①錦絵(葛飾北斎・歌川広重・歌川国芳)　②写生画(呉春〈松村月溪〉, 四条派)
	③文人画(田能村竹田・谷文晁・渡辺崋山)　④洋風画(司馬江漢・銅版画・亜欧堂田善)

3 庶民生活

芸能	歌舞伎(役者…7代目市川団十郎, 作者…鶴屋南北)
宗教	①寺社の経費調達(縁日・開帳・富突)
	②寺社参詣・巡礼(伊勢神宮・善光寺・金毘羅宮など)
	③行事・会合(五節句・彼岸会・盂蘭盆会・日待・月待・庚申講)

19 寛永，元禄，宝暦・天明，化政文化

スピード・チェック

1 —— 寛永期～元禄文化

❶ 谷時中の門人で南学を継承した山崎闇斎は，神道を儒教的に解釈した(1)を説いた。
❷ 知行合一を説く陽明学は，近江の(2)が広めた。その門人の(3)は『大学或問』を著したが，幕政批判を含むことから処罰された。
❸ 古典に立ち返ろうとした古学派には，(4)が始めた聖学，(5)が始めた堀川学派（古義学）がある。
❹ 古学派を継承した(6)は『政談』を著し，経世論に道を開いた。その弟子(7)は，武士による商業や専売制度の採用を説く『経済録』を著した。
❺ 朱子学者の新井白石は『(8)』を著し，独自の時代区分論を展開した。
❻ 自然科学では本草学が発達し，(9)が『大和本草』を著した。
❼ (10)は，筆算代数式や円周率の計算などのすぐれた研究で和算を大成した。
❽ 渋川春海（安井算哲）は中国の暦をもとに(11)を作成し，幕府の天文方に任じられた。
❾ 古典研究の分野では，(12)が『万葉代匠記』を著し，(13)が『源氏物語』や『枕草子』を研究した。これらの成果はのちの国学の基礎となった。
❿ 大坂の(14)は談林俳諧で注目を集め，その後(15)と呼ばれる小説に転じ，『好色一代男』『日本永代蔵』などの作品を残した。
⓫ 奇抜な表現を好む談林俳諧に対し，(16)は幽玄閑寂の(17)を確立し，『奥の細道』などを著した。
⓬ 人形浄瑠璃の『曽根崎心中』は，(18)の脚本と，(19)の語りで観衆の共感をよんだ。
⓭ 民衆の演劇として発展した歌舞伎は，勇壮な(20)を演じた江戸の初代市川団十郎や，恋愛劇である(21)を得意とした上方の坂田藤十郎らの名優を輩出した。
⓮ 大和絵系の土佐派からは(22)が朝廷の御用絵師となったほか，住吉如慶・具慶父子が狩野派に加えて幕府の御用絵師となった。
⓯ 装飾画では，俵屋宗達の画法を取り入れた(23)が『紅白梅図屏風』『燕子花図屏風』などを描き，(24)と呼ばれる新たな流れをおこした。
⓰ 工芸では，京焼を始めた(25)や，友禅染を始めた(26)が有名である。

2 —— 宝暦・天明期の文化

❶ 徳川吉宗は漢訳洋書輸入制限を緩和し，(27)や野呂元丈にオランダ語を学ばせた。
❷ (28)や前野良沢は，西洋の解剖書を翻訳して『(29)』を出版した。
❸ 大槻玄沢の門人の(30)は，蘭日辞書である『(31)』をつくった。
❹ (32)は，長崎で学んだ知識をもとに物理を研究し，エレキテルの実験などをした。
❺ 国学では，荷田春満の門人(33)が『国意考』を著し，儒教・仏教を外来思想として排した。(34)は『古事記伝』を著すとともに，国学を思想としても発展させた。
❻ 尊王論は儒学と結びつき，『大日本史』編纂を通じて発展した(35)の中で主張された。

18世紀半ばには，江戸で兵学者山県大弐が幕政を批判し尊王斥覇を説き死罪となる(36   )がおきている。
❼ 京都の(37   )が創始した心学は町人らの生活倫理を平易に説き，手島堵庵や中沢道二らによって広められた。
❽ 奥州八戸の医者である(38   )は，『自然真営道』で封建的な身分制社会を批判した。
❾ 18世紀後半の儒学は，諸学を折衷した折衷学派や，そこから分かれて実証的研究を重視した(39   )がさかんになった。
❿ 郷校（郷学）の一つとされる大坂の(40   )は，『出定後語』の著者富永仲基や，『夢の代』を著した山片蟠桃ら，異色の学者を輩出した。
⓫ 庶民教育は各地につくられた(41   )が担い，読み・書き・そろばんなどを教えた。
⓬ 18世紀後半には，遊里を描く小説の(42   )が人気を集めたが，代表的作家の(43   )は『仕懸文庫』が風紀を乱すとして寛政の改革の際に処罰された。
⓭ 浮世絵は，(44   )が錦絵を完成させ，美人画の(45   )，役者絵の東洲斎写楽らが大首絵の手法を駆使し活躍した。
⓮ 伝統的な絵画では，写生画の(46   )や，文人画の池大雅・蕪村らが活躍した。西洋画では，銅版画を始めた司馬江漢のほか，(47   )が有名である。

3 ── 化政文化

❶ 経世家として，『稽古談』で殖産興業を説いた(48   )や，『西域物語』で西洋との交易を説いた(49   )，『経済要録』で重商主義的政策を説いた佐藤信淵らが有名である。
❷ 国学では，(50   )が復古神道を提唱し，その思想は武士や豪農らに浸透した。
❸ 下総出身の(51   )は幕府の命で全国を測量し，「大日本沿海輿地全図」を作成した。
❹ 幕府は天文方の中に(52   )を設け，高橋景保らに洋書の翻訳をさせた。
❺ 化政期から天保期の私塾としては，広瀬淡窓が豊後日田に開いた咸宜園，シーボルトが長崎郊外に開いた鳴滝塾，(53   )が大坂に開いた適々斎塾（適塾）が有名である。
❻ 庶民生活をいきいきと描いた滑稽本の作家として，『浮世風呂』の(54   )，『東海道中膝栗毛』の十返舎一九らが有名である。
❼ 天保の改革では，人情本作家で『春色梅児誉美』を著した(55   )や，合巻の『偐紫田舎源氏』を著した柳亭種彦が処罰された。
❽ 歴史や伝説に取材した読本は，宝暦・天明期の上田秋成の『雨月物語』に始まり，化政期には(56   )の『南総里見八犬伝』が人気を集めた。
❾ 俳諧では，信濃の(57   )が庶民生活をいきいきとよんだ。
❿ 錦絵は風景画が流行し，(58   )の『富嶽三十六景』，歌川広重の『東海道五十三次』などの名作が生み出された。
⓫ 写生画では呉春（松村月溪）らの四条派が，文人画では豊後の田能村竹田，江戸の谷文晁，その門人(59   )らが活躍した。
⓬ 庶民のあいだでは，徹夜で過ごす(60   )などの集まりを開いたり，寺社参詣の旅に出るなど，生活の中で信仰と娯楽が深く結びついていった。

20 開国と幕末の動乱

1── 開国とその影響

1 欧米列強のアジア進出

イギリス	アヘン戦争→**南京条約**→**天保の薪水給与令**(1842, 異国船打払令緩和) ⇨オランダ国王の開国勧告(1844)→幕府は拒絶
アメリカ	①**ビッドル**の浦賀来航(1846, 通商要求)→幕府は拒絶 ②カリフォルニア獲得(1848)→清との貿易拡大→日本の開国が必要

2 開国

アメリカ	①ペリーの浦賀来航(1853)→フィルモア大統領の国書提出 ②**日米和親条約**(1854締結) 米国船へ薪水給与, 難破船救助 　下田・箱館開港と領事駐在, 米国に一方的な最恵国待遇を与えた
ロシア	①**プチャーチン**の長崎来航(1853)→開国・国境画定を要求 ②**日露和親条約**(1854) 下田・箱館・長崎開港 　国境画定(千島…択捉島・得撫島のあいだ, 樺太…従来通り境界を定めない)
幕府の対応 (老中首座 **阿部正弘**)	①ペリー来航を朝廷に報告→朝廷の権威向上, 諸大名の発言力が増大 ②**安政の改革** 人材登用(越前藩主松平慶永・薩摩藩主島津斉彬ら) 　国防充実(江戸湾に品川台場を築造, 大船建造の解禁) ③和親条約の締結(1854〜55) 日米・日露・日英・日蘭

3 通商条約の締結

通商条約 締結交渉	①初代米国総領事**ハリス** 下田に着任(1856)→通商条約の締結を要求 ②老中首座**堀田正睦** ハリスと交渉, 孝明天皇に条約勅許を奏請→失敗 ③大老**井伊直弼** 日米修好通商条約の無勅許調印を断行(1858)
日米修好 通商条約	①内容 (a)神奈川(横浜)・長崎・新潟・兵庫(神戸)の開港 　　　　(b)自由貿易 (c)開港場に居留地設置 　　　　(d)**治外法権**(米国に領事裁判権)　　} **不平等条約** 　　　　(e)**関税自主権の欠如**(協定関税制) ②万延遣米使節(1860)…米国で批准書交換, 咸臨丸(勝海舟)が随行 ③**安政の五カ国条約**…蘭・露・英・仏とも類似の条約を締結
開港と その影響	①貿易開始(1859)…横浜・長崎・箱館の居留地, 支払は銀貨を使用 ②貿易 〔相手国〕イギリスが中心 〔貿易港〕横浜が中心 　　　〔輸出品〕生糸・蚕卵紙・海産物　　} 輸出超過⇨物価上昇 　　　〔輸入品〕毛織物・綿織物・鉄砲・艦船 ③**五品江戸廻送令**(1860, 流通統制策)→在郷商人・外国商人の反発 ④金銀比価問題(日本=1:5, 欧米=1:15)→金の大量流出 　→万延貨幣改鋳→物価高騰→**攘夷運動**の一因(ヒュースケン暗殺・1860)

2── 幕末の政局
1 政局の転換

将軍継嗣問題	①原因　13代将軍**徳川家定**に子がなかったため ②対立　一橋派(**徳川慶喜**推薦)―徳川斉昭・島津斉彬 　　　　南紀派(**徳川慶福**推薦)―井伊直弼 ③結果　井伊直弼の大老就任⇨無勅許(違勅)調印，継嗣に慶福(**家茂**)を擁立
安政の大獄	①原因　井伊直弼の強硬路線→一橋派諸大名や尊王攘夷派の志士の反発 ②展開　井伊の反対派処断(一橋派失脚，吉田松陰・橋本左内ら処刑) ③**桜田門外の変**　水戸脱藩の志士ら，井伊直弼を暗殺(1860)

2 公武合体と尊攘運動

1860	老中**安藤信正**就任→**公武合体**政策 　　→和宮と徳川家茂の政略結婚を計画	1863	長州藩外国船砲撃 **薩英戦争**
1862	坂下門外の変 文久の改革(島津久光) 　人事 ┌ **将軍後見職**：徳川慶喜 　　　 │ **政事総裁職**：松平慶永 　　　 └ **京都守護職**：松平容保 　施策　参勤交代緩和，人質制度廃止 生麦事件 **尊王攘夷論**の台頭 　　長州藩下級藩士と急進派公家(**三条実美**ら)が結ぶ		**八月十八日の政変**
		1864	池田屋事件 **禁門の変(蛤御門の変)** 第1次長州征討 四国艦隊下関砲撃事件 高杉晋作ら**奇兵隊**を率いて挙兵 　　→藩論を倒幕へと転換
		1865	第2次長州征討の勅許を得る
		1866	**薩長連合**成立(薩摩藩，倒幕に転換) 徳川家茂死去→幕府軍，撤退
列強の動向	条約勅許(1865)，**改税約書**(1866，関税率低減化→輸入超過) 英公使パークス…**雄藩連合政権**に期待 仏公使ロッシュ…幕府支援		

3 幕府の滅亡

幕末の社会	①社会の混乱　開国→物価上昇・政局混乱→社会不安→**世直し一揆**・打ちこわし ②民衆運動　民衆宗教(のちの教派神道) 　**御蔭参り**(伊勢神宮参拝)流行→「**ええじゃないか**」(1867)
幕府の滅亡	①15代将軍**徳川慶喜**　幕政改革(慶応の改革，フランスが支援) ②**大政奉還**の上表(1867.10)　同日に**討幕の密勅** ③**王政復古の大号令**(1867.12)　新政府樹立，将軍・摂関廃止，**三職**(総裁・議定・参与)設置，同日に**小御所会議**→慶喜，辞官納地の決定に反発

4 幕末の科学技術と文化

幕府	①軍事技術　伊豆韮山の反射炉・大砲・洋式帆船(江川太郎左衛門〈坦庵〉ら) 　造船所(長崎製鉄所・横須賀製鉄所) ②翻訳・教育　**蕃書調所**⇨**洋書調所**⇨**開成所**
外国人	開港場に宣教師ら来日(ヘボン・フルベッキら)→英語教育，西洋文化の伝授

20 開国と幕末の動乱

1 ── 開国とその影響

❶ 1842年，清国が(1)でイギリスに敗れて(2)を結び，開国を余儀なくされた。清国の劣勢が日本に伝わると，幕府は異国船打払令を緩和して(3)を発した。

❷ 1844年，幕府はオランダ国王の開国勧告を拒絶して鎖国体制を守ろうとする中，アメリカは1846年に東インド艦隊司令長官(4)を派遣して通商を要求した。

❸ 1853年，アメリカ東インド艦隊司令長官(5)は軍艦4隻を率いて浦賀に来航して大統領の国書を提出し，強硬に日本の開国をせまった。一方，ロシアも(6)を派遣し，開国と国境の画定を要求してきた。

❹ ペリーは1854年に7隻の艦隊を率いて再来し，条約の締結を強硬にせまった。老中首座(7)は開国を決意し(8)の調印に応じた。この条約は神奈川条約とも呼ばれる。

❺ 幕府はこの条約で，(9)・箱館の開港と領事の駐在を認めたほか，アメリカに対して一方的な(10)を認めている。

❻ 幕府は類似の条約をイギリス・ロシア・オランダとも結んだ。(11)では択捉島以南を日本領，得撫島以北をロシア領と定め，(12)は従来通り境界を定めなかった。

❼ 幕府は，人材登用を進めるとともに，国防充実のため江戸湾に台場を築き，大船建造の禁を解くなどした。この改革を(13)という。

❽ アメリカ総領事(14)は，イギリス・フランスの脅威を説き，通商条約締結を強くせまった。老中首座(15)は条約調印の勅許を求めたが，失敗に終わった。

❾ 1858年，大老(16)は勅許がないまま(17)の調印を断行し，さらにオランダ・ロシア・イギリス・フランスとも類似の条約を結んだ。それらの条約を総称して(18)という。

❿ 日米修好通商条約では，日本は神奈川・長崎・新潟・兵庫の開港と江戸・大坂の開市，自由貿易のほか，(19)を認め，協定関税制によって(20)を喪失した。

⓫ 開国後の貿易の中心となった港は(21)で，(22)が最大の相手国となった。おもな輸出品は(23)や茶，輸入品は毛織物・綿織物などであった。

⓬ 貿易が始まると，在郷商人が商品を開港地に直送し，物価は騰貴し流通は混乱した。1860年，幕府は(24)を発して江戸の問屋の保護をはかったが効果はあがらなかった。

⓭ 幕府は，欧米との金銀比価の違いによる金の海外流出を防ぐために(25)をおこない，金貨の質を大幅に下げたが，物価騰貴をまねいた。庶民の生活は圧迫され，貿易に対する反感から激しい(26)がおこった。

2 ── 幕末の政局

❶ 13代将軍徳川家定に子がなく，将軍継嗣問題がおこった。雄藩藩主らの一橋派は(27)を推したが，井伊直弼ら譜代大名中心の南紀派は紀伊藩主(28)を14代将軍に擁立した。(28)は将軍就任にあたり，(29)と改名した。

20 開国と幕末の動乱

❷ 大老井伊直弼の通商条約無勅許調印と将軍継嗣決定の強行は、一橋派や尊攘派との対立を深め、(30　)と呼ばれる一連の弾圧で松下村塾の吉田松陰ら多数が処罰された。これに憤激した水戸脱藩の志士らによって、1860年、井伊は(31　)で暗殺された。

❸ 老中(32　)は朝廷との融和をはかる(33　)の政策をとり、孝明天皇の妹和宮と将軍家茂との政略結婚を進めたが、1862年、坂下門外の変で負傷し失脚した。

❹ 1862年、薩摩藩主の父(34　)は、独自の公武合体の立場から勅使を奉じて江戸にくだり、幕政改革の実行を要求した。これを文久の改革といい、松平慶永が(35　)に、徳川慶喜が(36　)に、松平容保が(37　)に任命された。

❺ 島津久光が去った後の京都では、(38　)論を藩論とする長州藩が朝廷を動かし、急進派公家と結んで将軍の上洛と攘夷決行を幕府にせまった。

❻ 1863年、薩摩・会津の両藩は、公武合体派の公家と協力し、長州藩勢力と急進派の公家(39　)ら尊攘派勢力を京都から追放した。この事件を(40　)という。

❼ 1864年、勢力回復をめざす長州藩は(41　)をおこしたが、会津・桑名・薩摩の藩兵に敗れた。幕府は諸藩兵を動員して第1次(42　)を決行した。長州藩は、英・米・仏・蘭による(43　)も重なり、上層部が尊攘派を弾圧して幕府に恭順の態度をとった。

❽ 1863年、薩摩藩は前年の(44　)の報復として鹿児島を砲撃された。これを(45　)といい、攘夷の無謀さを認識した薩摩藩はイギリスに接近した。

❾ 1865年に条約勅許を勝ちとった列国は、幕府と交渉して翌年には(46　)に調印させ、貿易上の不平等を拡大させた。

❿ イギリス公使(47　)は幕府の無力を見抜き、雄藩連合政策の実現を期待して薩長との結びつきを強めた。フランス公使(48　)は幕府支持の姿勢を堅持した。

⓫ 長州藩では、桂小五郎(木戸孝允)や(49　)らは(50　)を率いて藩論を倒幕に転換し、幕府との対決姿勢を強めた。イギリスに接近して開明政策に転じた薩摩藩では、西郷隆盛や(51　)ら下級武士の革新派が藩政を掌握した。

⓬ 1865年、幕府は第2次長州征討を宣言したが、1866年に土佐藩出身の中岡慎太郎・坂本龍馬らの仲介で(52　)が成立し、事態は幕府不利に進んだ。幕府は出陣中の将軍家茂の急死を理由に撤兵した。

⓭ 開国にともなう物価上昇や政局の混乱は社会不安を増幅させ、農村では(53　)が頻発したり、都市では打ちこわしがおこるなど、政治権力への不信があらわになった。

⓮ 幕末期には、伊勢神宮への(54　)や新たな民衆宗教が時代の転換を願う民衆のあいだに広まった。1867年に東海・畿内でおきた「(55　)」の乱舞は、社会秩序を一時混乱させた。

⓯ 1867年10月14日、徳川慶喜は、前土佐藩主山内豊信(容堂)の進言を受けて(56　)を朝廷に提出した。同じ日、公家の(57　)と結んだ薩長両藩など倒幕派は討幕の密勅を受け取っていたが、慶喜に機先を制された形になった。

⓰ 倒幕派は、12月9日に(58　)を発して新政府樹立のクーデタを断行した。幕府・摂関は廃止され、総裁・議定・参与の三職がおかれた。同日夜の(59　)で慶喜の辞官納地を決定したが、慶喜はこれに反発し、新政府と軍事的に対決することになった。

⓱ 開国後に幕府が江戸に設けた(60　)は、洋学の教授や外交文書の翻訳などを担当した。

21 明治維新と富国強兵

1 ── 新政府の樹立
1 戊辰戦争と新政府の発足

戊辰戦争		新政府の動き	
1868.1	鳥羽・伏見の戦い	1868.3	五箇条の誓文（政府の基本方針）
1868.4	江戸無血開城		五榜の掲示（民衆政策）
1868.5	上野戦争（彰義隊）	1868.閏4	政体書（太政官七官制）
1868.9	会津戦争（**奥羽越列藩同盟**敗北）	1868.9	**明治**改元（**一世一元の制**）
1869.5	箱館戦争（榎本武揚降伏）	1869.3	東京遷都

2 封建的制度の撤廃

府藩県制	戊辰戦争中に実施，府(旧幕領の要地)，県(他の旧幕領)，藩(従来どおり)		
版籍奉還 1869	①木戸孝允・大久保利通が立案 →版籍奉還の上表（薩長土肥4藩主） ②結果　藩制の実態残る（旧藩主→知藩事）	中央政府	太政官制(1869) 二官六省 天皇親政・祭政一致
廃藩置県 1871	①御親兵　薩長土3藩の兵1万で組織 ②藩全廃　知藩事罷免（**府知事・県令派遣**） ③結果　国内の政治的統一（中央集権）		改正太政官制(1871) 三院制…正院・左院・右院 **藩閥政府**形成（薩長中心）
兵制改革	①軍制　**兵部省**(1869) ⇒ 藩兵解散(1871) ⇒ 陸軍省・海軍省(1872) ②**徴兵制**　大村益次郎（構想）⇒ 山県有朋（実現） 　**徴兵告諭**(1872，国民皆兵) ⇒ **徴兵令**(1873) → **血税一揆**・徴兵忌避		
警察制度	**内務省**設置(1873，全国の警察を統轄) ⇒ **警視庁**設置(1874，東京の治安)		
四民平等	身分制度撤廃　国民の形成（同一の義務） **華族・士族・平民**(1869) ⇒ 身分解放令(1871) ⇒ **壬申戸籍**(1872)		
士族の動き	①秩禄処分　**秩禄奉還の法**(1873) ⇒ **金禄公債証書交付**(1876) ②士族授産　資金貸付・屯田兵→不調，士族の不満 ③特権撤廃　徴兵令(1873)，**秩禄処分・廃刀令**(1876)→不平士族の反乱		

2 ── 明治初期の経済・文化と国際関係
1 地租改正

方針	①近代的財政基盤の確立 ②土地・税制の抜本的改革（封建的領有制度の撤廃）
経緯	田畑勝手作り許可(1871) ⇒ 田畑永代売買の禁止令解禁(1872，地価確定・**地券**発行) ⇒ **地租改正条例**(1873，豊凶関係なく地価の3％を地券所有者が金納)

影響	①政府　財政安定 ②地主　米価上昇・地租金納で財産蓄積→寄生地主制へ発展 ③自作農　税負担は不変→**地租改正反対一揆**(1876, 税率3％→2.5％) ④小作人　現物小作農は不変 ⑤農村の変化　貨幣経済の浸透, 入会地(一部)の官有地に編入

2 殖産興業

方針	①**富国強兵**の財源　　②封建的制度の撤廃(関所, 宿駅, 株仲間など) ③近代的経済体制(経済活動の自由化)　　④**お雇い外国人**(技術指導)
官営事業	①**工部省**(1870設置)　鉄道(1872, 新橋〜横浜)・鉱山・造船所などを運営 ②**内務省**(1873設置)　製糸業(**官営模範工場**として**富岡製糸場**を1872開設), 　　　　　　紡績業, 道路改修, 農業改良 ③軍需工場　砲兵工廠(東京・大阪), 横須賀造船所(旧幕府)設置 ④通信　**電信**(1869, 東京〜横浜⇨1871, 長崎〜上海の海底電線) 　　　　**郵便**(1871, **前島密**建議) ⑤北海道開拓　**開拓使**(1869設置)⇨**屯田兵**制度(1874)・札幌農学校(1876)
海運	**三菱会社**(岩崎弥太郎, 政府が保護)　　　　日本郵船会社 共同運輸会社(1882, 三井が出資)　　　　　(1885, 三菱・共同の合併)
金融	①**新貨条例**(1871)　金本位制, 新硬貨(**円・銭・厘**)→実際は金銀複本位制 ②紙幣　太政官札・民部省札⇨政府紙幣(1872, **不換紙幣**) ③国立銀行　**国立銀行条例**(1872, **渋沢栄一**, 兌換銀行券発行をめざす) 　　　　　→国立銀行設立(兌換制度不調→1876, 不換紙幣を容認へ) ④**政商**　金融・貿易・海運で特権(三井・岩崎〈三菱〉など)

3 文明開化

啓蒙思想	①特色　功利主義・自由主義・**天賦人権論**(中江兆民) ②啓蒙団体　**明六社**(1873, 森有礼・**福沢諭吉・中村正直**ら)・『明六雑誌』(1874)
教育	①**文部省**(1871設置)⇨学制公布(1872, 功利主義的教育観・国民皆学) ②高等教育　**東京大学**(1877)・師範学校 ③私立学校　慶応義塾(1868, 福沢諭吉)・同志社英学校(1875, **新島襄**)
宗教	①神道国教化(祭政一致)　**神仏分離令**(民間で廃仏毀釈), **大教宣布の詔** ②キリスト教　キリシタン弾圧⇨信仰黙認(1873)
生活	①**太陽暦**採用　明治5年12月3日=明治6(1873)年1月1日 ②世相　**洋服**, ざんぎり頭, 近代的景観(銀座煉瓦街), 牛鍋, **日刊新聞**

4 初期の国際問題

条約改正	**岩倉使節団**(1871〜73)　条約改正の対米交渉(失敗) 　　　　　欧米の国情視察に変更→近代化・内治整備の必要を痛感
清　国	**日清修好条規**(1871, 対等)
琉球処分	琉球藩設置(1872, 国王**尚泰**を琉球藩王・華族に) 　　　⇨**台湾出兵**(1874)⇨沖縄県設置(1879, 尚泰は東京居住)
朝　鮮	征韓論⇨**明治六年の政変**(1873)⇨**江華島事件**(1875)⇨**日朝修好条規**(1876)
国境画定	①**樺太・千島交換条約**(1875, 北方国境画定)　②**小笠原諸島**　内務省管轄(1876)

21 明治維新と富国強兵

スピード・チェック

1 ── 新政府の樹立

❶ 旧幕府側は，1868年1月，大坂城から京都に進撃したが，(1   )で新政府軍に敗れ，徳川慶喜は江戸に逃れた。

❷ 新政府軍は東北諸藩の(2   )を打ち破り，1869年の5月には五稜郭に立てこもる榎本武揚を降伏させた。これにより，約1年5カ月におよんだ(3   )は終結した。

❸ 1868年3月14日，天皇が神々に誓う形で(4   )を示し，公議世論の尊重と開国和親を基本方針とした。その翌日に出された(5   )は，儒教道徳の遵守やキリスト教禁止など，旧幕府の統治方針をほぼそのまま継承した。

❹ 1868年閏4月，政府は(6   )を制定して権力を太政官に集中させるとともに，三権分立形式や高級官吏の互選（官吏公選）制を採用した。

❺ 新政府は関東鎮圧とともに，1868年7月には江戸を東京と改称，9月に年号を明治と改元して(7   )を採用し，翌年に東京への遷都をおこなった。

❻ 1869年1月，薩摩・長州・土佐・肥前の藩主が(8   )を出願すると，多くの藩がこれにならった。政府は旧藩主を(9   )に任命して引き続き藩政に当たらせた。

❼ 1871年，政府は薩摩・長州・土佐藩から徴収した軍事力を背景に(10   )を断行した。知藩事にかわり(11   )・(12   )が中央から派遣され，国内の政治的統一が完成した。

❽ 政府の機構は，版籍奉還を機に二官六省となり，廃藩置県後に正院・左院・右院の三院制が採用されたが，その過程で薩長出身者を中心とする(13   )の基礎が固まった。

❾ 廃藩とともに解散させられた藩兵の一部は反乱や一揆に備えるため，兵部省のもとで各地に設けられた(14   )に配置された。

❿ 近代的軍隊の創設をめざす政府は，1872年に(15   )を，翌年に(16   )を公布した。徴兵制に反対する農民らの血税一揆がおきた。

⓫ 1873年に新設された(17   )は殖産興業や地方行政のほかに全国の警察組織を統轄した。1874年には東京の警察を管轄する(18   )が設置された。

⓬ 版籍奉還を機に元藩主や公家は(19   )，藩士・旧幕臣は(20   )に再編された。百姓・町人は(21   )となり，四民平等となった。身分解放令によりえた・非人の称も廃されて制度上は(21   )に含まれたが，社会生活においては差別が残った。

⓭ 政府は国家財政の大きな負担となっていた秩禄（家禄・賞典禄）の廃止をはかり，1873年には(22   )を定め，1876年には華族・士族らに(23   )を交付して秩禄を全廃した。この一連の施策を(24   )という。

⓮ 1876年，秩禄処分の断行と(25   )の発布で士族の特権は消滅した。困窮した士族に対し，政府は資金貸付や北海道開拓などの(26   )をおこなったが，効果はあがらなかった。

2 ── 明治初期の経済・文化と国際関係

❶ 政府は財源の安定をはかるため，1872年に田畑永代売買の禁止令を解き，地価を定めて（27　）を発行し，土地所有権を認め，翌年に（28　）を公布し近代的税制を確立した。
❷ 地租改正の要点は，地価の3％を地券の所有者が金納するというものである。農民の負担は従来の年貢と変わらず，各地で（29　）がおきた。
❸ 政府は（30　）をまねき，その指導のもと近代産業を育成した。1870年設立の（31　）が中心となって，鉄道の敷設や，旧幕府・藩から接収した鉱山・工場の経営をおこなった。
❹ 1871年，（32　）の建議により従来の飛脚にかわる郵便制度が導入された。
❺ 近海・沿岸での海運を国内企業に掌握させ，有事には軍事輸送を担わせるため，政府は（33　）が経営する三菱（郵便汽船三菱会社）を手厚く保護した。
❻ 政府は民間企業を育成し貿易赤字を解消するため，生糸生産に力を入れた。1872年，群馬県に（34　）として富岡製糸場を設け，フランスの技術を導入した。
❼ 政府は，1869年に蝦夷地を北海道と改称して（35　）をおき，アメリカ式の大農場経営の導入をはかった。また，（36　）制度を設けて開拓とロシア対策に当たらせた。
❽ 貨幣制度では，1871年に金本位制を原則とする（37　）を制定し，十進法の円・（38　）・厘を単位とする新硬貨を発行した。
❾ 政府は，地主・商人など民間の力による（39　）の発行をめざした。（40　）が中心となって1872年に（41　）が制定され，第一国立銀行などが設立された。
❿ 思想界では，のちに自由民権運動の指導理論となる（42　）の思想がとなえられた。福沢諭吉『学問のすゝめ』や（43　）訳『西国立志編』などは，国民の考え方を転換させた。
⓫ 教育では，1871年に（44　）が新設され，翌年にはフランス式の（45　）が公布された。
⓬ （46　）は森有礼や福沢諭吉，西周らが設立した啓蒙思想団体で，1874年から『明六雑誌』を発行し，近代思想の普及に貢献した。
⓭ 政府が（47　）を公布して神仏習合を否定すると，（48　）の動きがおこり荒廃する寺院もあった。政府は（49　）を発して神道国教化をはかったが成果はあがらなかった。
⓮ 政府は不平等条約の改正をめざして1871年に（50　）を派遣したが，改正交渉は失敗し，欧米視察の結果，内治整備の必要性を痛感して帰国した。
⓯ 日本と清は，1871年に（51　）を締結した。これは近代日本初の対等条約である。
⓰ 琉球漂流民殺害事件をきっかけとして，1874年に（52　）がおこなわれた。
⓱ 琉球の帰属問題は，日本政府が1872年に（53　）を設置して尚泰を藩王とし，1879年に（54　）の設置を断行した。この一連の措置を琉球処分という。
⓲ 征韓論をとなえた板垣退助ら5人の参議は，欧米から帰国して内治優先を主張した大久保利通らと対立して下野した。これを（55　）という。
⓳ 1875年に（56　）が発生したのをきっかけに，日本は朝鮮にせまって（57　）を結ばせた。
⓴ 1875年の（58　）の締結により，樺太は全域がロシア領，千島列島は全島が日本領となった。（59　）は，日本の領有宣言に米・英両国が異議をとなえなかったことから，1876年に内務省の管轄下におかれ統治を再開した。

22 立憲国家の成立

1 ── 自由民権運動

1 民権運動の背景

明治六年の政変	岩倉使節団の帰国→内治優先→征韓論争→征韓派参議辞職(1873)
士族反乱	佐賀の乱(1874)→敬神党(神風連)の乱・秋月の乱・萩の乱(1876)→西南戦争(1877)
農民の抵抗	血税一揆,学制反対一揆,地租改正反対一揆(地租3%→2.5%)

2 民権運動のおこり

1874	板垣ら愛国公党設立,民撰議院設立の建白書(有司専制批判,国会開設要求)を左院へ提出 土佐で立志社創立…立志社建白は政府却下(1877)
1875	大阪で愛国社結成→政府は讒謗律・新聞紙条例,出版条例改正で弾圧 大阪会議→漸次立憲政体樹立の詔,元老院・大審院・地方官会議の設置
1878	愛国社再興…地主層や商工業者,府県会議員も加わり活発に 地方三新法の制定…郡区町村編制法・府県会規則・地方税規則

3 民権運動の高揚

1880	国会期成同盟(愛国社より発展)が国会開設請願書提出→政府は受理せず,集会条例で弾圧
1881	開拓使官有物払下げ事件→明治十四年の政変…大隈重信追放,国会開設の勅諭

①政党の結成
 (a)**自由党**…総理板垣退助,地方農村を基盤,フランス流の急進主義
 (b)**立憲改進党**…党首大隈重信,都市の実業家や知識人の支持,イギリス流の漸進主義
 (c)**立憲帝政党**…党首福地源一郎,神官や官吏などの支持,政府系政党
②私擬憲法の作成…交詢社の「私擬憲法案」,植木枝盛の「東洋大日本国国憲按」,
 立志社の「日本国憲法見込案」,千葉卓三郎らの「五日市憲法草案」など

4 松方財政(大蔵卿:松方正義)

背景	大隈財政…不換紙幣増発→激しいインフレ→財政困難→工場払下げ概則の公布
内容	①デフレ政策・財政再建…増税,紙幣整理,官営工場払下げの促進 ②銀本位制の整備…中央銀行として日本銀行の設立,銀兌換銀行券の発行
結果	米・繭の価格が暴落→自作農が土地を手放す→寄生地主の下で小作農となる(松方デフレ) └→都市に流入して貧民となる

5 民権運動の再編

運動の急進化…福島事件(1882),加波山事件(1883),秩父事件(1884),大阪事件(1885)
 →政府は各地の運動を弾圧,自由党の解党と大隈の改進党脱党
1887 大同団結運動…井上外交の失敗に対し結集,三大事件建白運動→政府は保安条例で弾圧

2 ── 立憲体制と条約改正
1 憲法の制定

立憲体制の準備	①伊藤らの渡欧→ドイツ憲法研究→制度取調局の設置　②**華族令**の公布…貴族院の準備 ③**内閣制度**創設→太政官制の廃止，初代**内閣総理大臣**(首相)は伊藤博文 ④地方制度の整備…**市制・町村制**(1888)，**府県制・郡制**(1890)，山県有朋・モッセが中心
憲法の制定	①伊藤，**井上毅**らが起草(顧問：**ロエスレル**)　②**枢密院**で憲法草案の審議(初代議長：伊藤) ③**大日本帝国憲法**(明治憲法)発布(1889.2.11)→天皇(元首)が定めて国民(**臣民**)に与える**欽定憲法** 　(a)**天皇大権**…**緊急勅令**・条約締結・宣戦・戒厳令・**統帥権**の独立 　(b)**帝国議会**…天皇を協賛(**貴族院**と**衆議院**)　※首相**黒田清隆**→**超然主義**の表明
諸法典の整備	①フランスの**ボアソナード**の民法→**穂積八束**(東大教授)らが「**民法出デヽ忠孝亡ブ**」と批判し**民法典論争**→ドイツ法系の民法へ修正(強大な戸主権)　②**皇室典範**の制定

2 初期議会　衆議院議員選挙権：満25歳以上の男性，直接国税15円以上の納入者

第一議会〈山県内閣①〉	**民党**が過半数，**吏党**は少数　民党は**政費節減・民力休養**を要求→政府は立憲自由党議員の一部を買収し，予算案可決
第二議会〈松方内閣①〉	民党が軍拡予算案に反対→樺山資紀海相「**蛮勇演説**」で衆議院解散→**品川弥二郎**内相による**選挙干渉**→民党勝利
第三議会〈松方内閣①〉	選挙干渉の責任追及→内閣総辞職
第四～六議会〈伊藤内閣②〉	日清戦争勃発まで軍艦建造や条約改正をめぐって政府と民党が対立

3 日清戦争後の内閣の変遷　藩閥政府と政党の妥協

伊藤内閣②	自由党：板垣退助内相入閣→軍拡予算を承認
松方内閣②	**進歩党**：大隈重信外相入閣
伊藤内閣③	自由・進歩両党→**地租増徴案**を否決
大隈内閣①〈憲政党〉	自由・進歩合同→**憲政党**結成→最初の政党内閣(大隈首相・板垣内相の**隈板内閣**)→尾崎行雄文相の**共和演説事件**→憲政党の分裂
山県内閣②	**文官任用令**の改正，**軍部大臣現役武官制**・治安警察法の制定
伊藤内閣④	政党の必要性を認識→憲政党(旧自由党)を吸収し**立憲政友会**成立(総裁：伊藤)
桂園時代	山県後継の桂太郎，伊藤後継の西園寺公望が交互に組閣(桂①→西園寺①→桂②→西園寺②→桂③)，山県・伊藤は**元老**として影響力を行使

4 条約改正　領事裁判権(治外法権)の撤廃，関税自主権の回復が課題

岩倉具視	岩倉使節団で米欧を巡回→アメリカと改正予備交渉→失敗
寺島宗則	税権回復→アメリカは賛成→イギリス・ドイツなどが反対→失敗
井上馨	**ノルマントン号事件**・一括交渉→**外国人判事任用**，外国人の**内地雑居**が前提→極端な**欧化政策**(欧米同様の法典整備，**鹿鳴館外交**)への政府内外の反対で失敗
大隈重信	国別交渉→**外国人判事任用**は大審院に限定→右翼の玄洋社員が大隈襲撃
青木周蔵	法権回復・税権一部回復→イギリスは同意→**大津事件**で引責辞任→交渉挫折
陸奥宗光	法権回復・税権一部回復→**日英通商航海条約**締結(1894)→各国と調印し1899年実施
小村寿太郎	関税自主権の回復→条約満期にともなう改正日米通商航海条約を締結(1911)

22 立憲国家の成立

スピード・チェック

1 ── 自由民権運動

❶ 征韓論争で下野した(1　　)が1874年におこした(2　　)以後、特権を失った士族の反乱があいつぎ、1877年に西郷隆盛らがおこした(3　　)が最後の反乱となった。

❷ 征韓論争に敗れ下野した(4　　)や後藤象二郎は1874年に愛国公党を設立するとともに、(5　　)を左院に提出して有司専制の弊害を批判し、国会開設を要求した。

❸ 1874年、板垣退助は郷里の土佐で片岡健吉らと同志を募って(6　　)をおこし、翌1875年これを中心に民権派の全国組織として大阪に(7　　)を結成した。

❹ 1875年、政府の大久保利通は、台湾出兵に反対し下野していた木戸孝允と板垣退助との三者で(8　　)を開いた結果、彼らを参議に復帰させ、(9　　)を出した。

❺ その第一歩として、立法機関の元老院、司法機関の(10　　)を設け、府知事・県令を集めて(11　　)を開く一方で、政府は讒謗律・(12　　)を制定して政府批判の言論活動をきびしく取り締まった。

❻ 再興した愛国社は1880年に(13　　)と改称し、国会開設の請願書を提出したが、政府はこれを受理せず、逆に(14　　)を制定し、民権運動に弾圧を加えた。

❼ 1881年、開拓長官黒田清隆が官有物を不当に安く払い下げようとした(15　　)で世論の政府攻撃が激しくなると、政府は大隈を罷免したうえで、(16　　)を出し世論をやわらげた。これを(17　　)という。

❽ 国会開設の時期が決まると、板垣退助を総理とするフランス流の急進的な(18　　)や大隈を党首とするイギリス流の漸進的な(19　　)、福地源一郎らの保守的な立憲帝政党などの政党が結成された。

❾ 交詢社、植木枝盛や立志社、東京近郊の市民グループなど民間で、「(20　　)」(憲法私案)と総称される数多くの憲法試案が作成、発表された。

❿ 西南戦争後の激しいインフレと財政難に悩む政府が1880年工場払下げ概則を公布し、大蔵卿(21　　)は緊縮・デフレ政策を推進して、1882年に中央銀行として(22　　)を設立し、銀本位の貨幣制度を整えた。

⓫ 松方財政の影響から民権運動の急進化がみられ、1882年の(23　　)、ついで高田・群馬・加波山事件などの騒擾が続き、埼玉県の(24　　)では軍隊がその鎮圧に出動する中、自由党は解党した。

⓬ 国会開設の時期がせまると、1887年、後藤象二郎が大同団結をとなえ、井上外相の条約改正交渉への反対を機におこった(25　　)で民権派が再結集して運動は高揚した。しかし、1887年政府は(26　　)を制定し、弾圧した。

2 ── 立憲体制と条約改正

❶ 憲法調査のための渡欧から帰国した伊藤博文は、1884年に(27　　)を定め将来の上院の土台をつくり、翌年に(28　　)を創設してみずからが初代総理大臣についた。

22 立憲国家の成立

❷ 地方制度は，ドイツ人顧問モッセの助言を得ながら，(29   )らによって改革が進められて，1888年に(30   )，1890年に(31   )が公布され，地方自治制が確立した。

❸ ドイツ人顧問ロエスレルらの助言を得て，伊藤らが起草した憲法草案の審議は，天皇臨席のもと(32   )でおこなわれ，1889年2月11日，天皇が定めて国民に与える(33   )として(34   )が発布された。

❹ 大日本帝国憲法には，緊急勅令・条約締結・宣戦・戒厳令・軍の統帥権など，(35   )と呼ばれる天皇が議会の関与なしに行使できるきわめて強い権限が規定された。

❺ 帝国議会は，国民から選挙で選ばれた(36   )と，皇族・華族・勅選議員・多額納税者議員からなる(37   )の二院制で，両者はほぼ対等の権限をもっていた。

❻ 憲法発布と同時に，選挙人を直接国税(38   )円以上納入の満25歳以上の男性に限った衆議院議員選挙法が公布され，皇位の継承や摂政の制などについて定めた(39   )も制定された。

❼ フランス人法学者ボアソナードが起草した民法に，「民法出デ、忠孝亡ブ」と批判が出され，(40   )の結果，ドイツ流に大幅に修正した民法が1896年と1898年に公布された。

❽ 1889年の憲法発布直後，黒田清隆首相は政党の動向に左右されず政策を実行する(41   )の立場を明らかにしていた。

❾ 議席数を背景に(42   )は，第一議会の山県内閣や続く第二議会の松方内閣と対立し，衆議院解散による第2回総選挙では内務大臣品川弥二郎らによる(43   )がおこなわれたが，(42   )の優勢はかわらなかった。

❿ 1898年に第3次伊藤内閣の地租増徴案に反対し，自由・進歩両党が合同して(44   )が結成され，日本最初の政党内閣である(45   )が成立したが，尾崎行雄文相の共和演説事件などのため，わずか4カ月で退いた。

⓫ 第2次山県内閣は，政党の影響力が官僚や軍部におよぶのを防ぐため1899年に(46   )を改正し，1900年に(47   )を定め，また治安警察法を公布して政治・労働運動の規制を強化した。

⓬ 日露戦争後，山県の後継(48   )が率いる官僚・貴族院勢力と伊藤の後継(49   )を総裁とする(50   )とが政界を二分する桂園時代が現出し，老齢の伊藤や山県は(51   )として内閣の背後から影響力を行使した。

⓭ 岩倉具視，寺島宗則の条約改正交渉失敗のあとに続いた(52   )は，法・税権の一部回復を主眼として，東京日比谷の(53   )を利用した極端な欧化主義政策を背景に交渉にのぞんだが，政府内外の反発が強まり，交渉を中止した。

⓮ 1886年，日本人乗客を見殺しにしたイギリス人船長の過失がイギリス領事による海事審判では問われなかった(54   )事件は，不平等条約に対する世論の反感を強めた。

⓯ 外相(55   )が改正交渉を開始したが，1891年の(56   )で中断された。大審院長児島惟謙は，この事件に関する政府の圧力に屈せず司法権の独立を守った。

⓰ 1894年，外相(57   )は，領事裁判権の撤廃と税権の一部回復を内容とする(58   )の調印に成功した。なお，関税自主権の完全回復は，1911年の(59   )外相の時である。

23 日清・日露戦争

1 ── 日清戦争

1 朝鮮問題

壬午軍乱 (壬午事変) (1882)	背景	国王**高宗**の父**大院君**(親清派)⇔高宗の外戚**閔氏**一族(親日派)
	経過	大院君側が日本公使館を襲撃→清国軍が鎮圧→閔氏一族は親清派に転向
	結果	**済物浦**条約(日本は賠償金や公使館守備兵の駐留権を獲得)
甲申事変 (甲申政変) (1884)	背景	**金玉均**ら改革派の**独立党**(親日派)⇔閔氏一族の事大党(親清派)
	経過	**清仏戦争**で清国が敗北→独立党が日本公使館の援助を受けてクーデタ決行→清国軍が鎮圧→金らは日本に亡命
	結果	漢城条約(朝鮮の日本に対する謝罪と賠償)→日清の対立激化
天津条約 (1885)	目的	日清両国の衝突を回避，日本全権：伊藤博文⇔清国全権：**李鴻章**
	内容	日清両国の朝鮮からの撤兵，朝鮮へ出兵の際の相互事前通告
	結果	日本の朝鮮における影響力が減退
日清開戦 への道		福沢諭吉「**脱亜論**」…朝鮮の親日改革派を援助⇨甲申事変の失敗⇨『時事新報』でアジアを脱して欧米列強側に立ち，アジア分割をすべしと主張 大阪事件…旧自由党の**大井憲太郎**らが朝鮮の内政改革をねらうが大阪で検挙 **防穀令**事件…穀物の対日輸出禁止措置→日本は賠償要求→朝鮮の対日感情が悪化 軍事費拡大…山県有朋首相が第一議会で**主権線・利益線**の確保を主張

2 日清戦争(1894〜95)と三国干渉

契機	減税と排日要求の農民反乱である**甲午農民戦争**(東学の乱)が勃発→清国軍が救援出兵→日本軍も天津条約を口実に出兵→朝鮮の内政改革をめぐって日清両国が対立
列強	日英通商航海条約調印…日清開戦に対するイギリスの日本支持
開戦	7月日本海軍が豊島沖の清国艦隊を奇襲攻撃→8月に宣戦布告
経過	①平壌の戦い，黄海の海戦で清国軍撃破，遼東半島や威海衛を占領 ②政党や議会も戦争に協力…戦費2億円余り(国家歳入の約2倍強)
講和	**下関条約**　日本全権：伊藤博文・陸奥宗光⇔清国全権：**李鴻章** ①朝鮮の独立承認⇨清国は宗主権を放棄 ②**遼東半島・台湾・澎湖諸島**の割譲⇨琉球帰属問題の解消，**台湾総督府**(樺山資紀総督) ③日本に**賠償金2億両**の支払い⇨金本位制確立の準備金 ④**沙市・重慶・蘇州・杭州**の4港の開市・開港
結果	①**三国干渉**(露・仏・独)→遼東半島を返還→「**臥薪嘗胆**」を合言葉に対露戦争への備え ②日清通商航海条約(1896)…西欧諸国並みの不平等条約 ③**三浦梧楼**公使による**閔妃**殺害事件(1895)→親露の**大韓帝国**が成立(1897)

2 ── 日露戦争

1 中国分割と日英同盟

列強による中国分割	ドイツ 山東半島の膠州湾(青島)	ロシア 遼東半島の旅順・大連	イギリス 九龍半島・威海衛	フランス 広州湾
	※アメリカ…ハワイ併合,フィリピン領有 　　　　国務長官ジョン＝ヘイが中国の門戸開放・機会均等を提議			
北清事変	①「扶清滅洋」をとなえた義和団事件(1900)→清国も宣戦→8カ国連合軍が鎮圧→ 北京議定書(1901)⇨清国は帝国主義列強に敗北,日本は「極東の憲兵」と評価 ②事変後,ロシアは満洲を占領⇨日本の韓国権益の危機			
日英同盟	①日英同盟論(山県・桂)⇔日露協商論(伊藤・井上)…満韓交換をめざす ②日英同盟協約の締結(1902)→日露開戦の準備			

2 日露戦争(1904〜05)

国内世論	①主戦論(開戦論)…対露同志会・七博士意見書(戸水寛人ら) ②非戦論(反戦論)…平民社の幸徳秋水・堺利彦,キリスト教徒の内村鑑三, 反戦詩の与謝野晶子や大塚楠緒子
開戦	2月仁川港・旅順港奇襲攻撃→2日後に宣戦布告(英米は日本支持)
経過	旅順攻撃→遼陽の会戦→奉天会戦→日本海海戦(バルチック艦隊全滅) ⇨戦争継続困難…日本:兵員不足・戦費不足(内外の国債に依存) 　　　　　　　　ロシア:国内における革命運動の激化
講和	ポーツマス講和会議(アメリカ大統領セオドア＝ローズヴェルトの調停) →ポーツマス条約　日本全権:小村寿太郎⇔ロシア全権:ウィッテ ①日本の韓国に対する一切の指導・監督権の承認 ②旅順・大連租借権,長春以南の鉄道利権を日本へ譲渡 ③北緯50度以南の樺太を日本へ割譲 ④沿海州・カムチャツカ漁業権を日本へ譲渡
結果	人的な損害と増税に耐えた国民→賠償金獲得できず→講和反対国民大会で日比谷焼打ち事件→桂内閣総辞職

3 戦後の国際関係(国際的地位の向上)

朝鮮	1904	日韓議定書,第1次日韓協約(財政・外交顧問を推薦)
	1905	第2次日韓協約(外交権奪う)→漢城に統監府設置(初代統監伊藤博文)
	1907	第2回万国平和会議でハーグ密使事件→韓国皇帝退位
		第3次日韓協約(内政権奪う,軍隊解散)→義兵運動が高揚
	1909	伊藤博文暗殺事件(安重根にハルビン駅頭で射殺される)
	1910	韓国併合条約(植民地化完了)→京城に朝鮮総督府設置(初代総督寺内正毅) 憲兵らによる武断政治,土地調査事業の実施(東洋拓殖会社などに払下げ)
列強		アメリカ…桂・タフト協定(韓国保護国化を承認,1905)
		イギリス…日英同盟改定(第2次,1905)
		ロシア…4次にわたる日露協約(1907〜16)
南満州	1906	旅順に関東都督府(関東州を統治)設置 半官半民の南満州鉄道株式会社(満鉄)設立

スピード・チェック 23 日清・日露戦争

1 ── 日清戦争

❶ 朝鮮の内政改革を日本にならって進めようとする(1　　)一族に反対する大院君は, 1882年軍隊を動かして反乱をおこし, 日本公使館も民衆に包囲された。この(2　　)以後, 朝鮮では親清派が優位となった。

❷ (3　　)らを指導者とする親日改革派の独立党は, (4　　)での清国の敗北を好機とし, 日本公使館の援助を得てクーデタをおこしたが, 清国軍の来援で失敗した。

❸ (5　　)で悪化した日清関係を打開するため, 日本全権(6　　)と清国全権(7　　)のあいだで(8　　)が結ばれ, 朝鮮からの両国の撤兵, 朝鮮出兵の際の事前通知を約した。

❹ 日本の朝鮮に対する影響力が減退する中で, 朝鮮の親日改革派が政権を追われると, 福沢諭吉は『時事新報』に「(9　　)」を発表し, 日本が欧米列強の一員となり清国や朝鮮には武力で対処すべきだと主張した。

❺ 清国寄りの姿勢を明確にした朝鮮政府に対し, 日本は軍備増強を急ぐとともに, (10　　)の廃止と禁輸中の損害賠償を求めて圧力をかけ, 朝鮮政府との対立を深めた。

❻ 1894年, 朝鮮で減税・排日を要求する農民反乱である(11　　)がおこり, 清国・日本は共同出兵した。しかし, 朝鮮政府と農民の和解後, 内政改革をめぐって日清間の緊張は高まり, 同年8月, 日本は清国に宣戦を布告し, (12　　)がはじまった。

❼ 世論・政党・議会はこぞって清国との戦争を支持し, 軍隊の近代化と(13　　)の日本支持という条件もあいまって戦局は有利に展開し, 日本の勝利に終わった。

❽ 1895年4月, 日本全権伊藤博文・(14　　)と清国全権李鴻章とのあいだで(15　　)が結ばれ, 日清戦争の講和が成立した。(15　　)の内容は, ①清国は朝鮮の独立を認め, ②(16　　)・(17　　)・澎湖諸島を日本に割譲し, ③賠償金(18　　)両を日本に支払い, ④新たに(19　　)・重慶・蘇州・杭州の4港を開くこと, などであった。

❾ 満州に利害関係をもつロシアは, 日本の遼東半島領有を重大な危機ととらえ, フランス・ドイツとともに遼東半島の返還を日本に要求する(20　　)をおこなった。

❿ 遼東半島を清国に返還した日本政府は, 「(21　　)」の標語でロシアへの敵意をあおる一方, 台湾の統治に力を注ぎ, 1895年, (22　　)府が設置され, 海軍軍令部長の樺山資紀を初代(22　　)に任命した。

2 ── 日露戦争

❶ 日清戦争後, ドイツは山東半島の(23　　), ロシアは遼東半島の旅順・大連, イギリスは香港島の対岸にある(24　　)と威海衛, フランスは(25　　)をそれぞれ租借し, 中国分割に乗り出していった。

❷ アメリカは中国分割に直接加わらなかったが, 1899年国務長官(26　　)がモンロー宣言を転換し, 中国の(27　　)・機会均等・領土保全の3原則を提唱し進出をはかった。

❸ 三国干渉後に成立した朝鮮の親露政権は, 閔妃殺害事件を経て, 日清両国に対抗して

国号を(28　　)と改め，国王は皇帝に即位した。

❹ 1900年に入ると，清国では「扶清滅洋」をとなえる(29　　)が勢力を増して，北京の列国公使館を包囲し，おされて清国政府も列国に宣戦布告して(30　　)がおこった。

❺ 日本を含む列国は連合軍を派遣し，義和団を北京から追放して清国を降伏させ，1901年には清国と(31　　)を結んだ。

❻ 日本政府内部には，満州を占領したロシアと交渉し「(32　　)」をおこなうことで韓国における日本の優越権を獲得しようとの考えもあったが，1902年，イギリスと同盟してロシアに対抗し韓国における日本の権益を守ろうとする(33　　)が締結された。

❼ 国内世論は当初は対露開戦を好まなかったが，対露同志会や戸水寛人ら東京帝国大学などの(34　　)が主戦論をとなえ，国内世論も開戦論に傾いていった。

❽ 『万朝報』の記者であった(35　　)や幸徳秋水，堺利彦は，社長の黒岩涙香が主戦論に転じると退社し，(35　　)は無教会主義のキリスト教徒の立場から非戦論を，『(36　　)』を創刊した幸徳や堺は社会主義の立場から反戦論をとなえた。

❾ 夫鉄幹とともに歌人の(37　　)は，日露戦争に対する反戦の立場から，「旅順口包囲軍の中にある弟を歎きて」(君死にたまふこと勿れ)を戦争中に『明星』に発表した。

❿ 1904年2月，日本軍による仁川・旅順の奇襲攻撃の2日後にたがいに宣戦を布告して始まった(38　　)は，旅順占領，(39　　)会戦の辛勝，そしてロシアのバルチック艦隊を撃破した(40　　)で，戦争の勝敗はほぼ決した。

⓫ アメリカ大統領(41　　)の調停で日本全権(42　　)とロシア全権(43　　)とのあいだで調印された(44　　)では，①韓国に対する日本の指導・監督権を全面的に認め，②清国領土内の旅順・大連の租借権，長春以南の鉄道とその付属の利権を日本に譲渡した。さらに③北緯50度以南の(45　　)と付属諸島の譲渡，④(46　　)とカムチャツカの漁業権を日本に認めた。

⓬ 講和条約で賠償金を得られなかったことに不満が爆発し，講和反対国民大会が暴動化した(47　　)の責任をとって第1次桂内閣は総辞職した。

⓭ 1905年，日本はアメリカとのあいだに(48　　)を結び，ついでイギリスとは日英同盟協約を改定して，両国に日本の韓国保護国化を承認させた。

⓮ 第2次日韓協約を結び漢城に(49　　)を設置した日本は，第2回万国平和会議における(50　　)をきっかけに第3次日韓協約を結び，韓国の内政権を奪い，韓国軍隊を解散させた。

⓯ 植民地化に抵抗する(51　　)が本格化する中，初代統監の伊藤博文がハルビン駅頭で(52　　)に射殺され，翌年，韓国併合条約によって朝鮮を植民地とし，(53　　)をおいて憲兵警察らによる武断政治を進めた。

⓰ 朝鮮総督府が土地の測量や所有権を確認するために実施した(54　　)により，朝鮮農民から接収した土地の一部は国策会社である(55　　)や日本人地主などに払い下げられた。

⓱ 満州では1906年に(56　　)を旅順におき，また半官半民の(57　　)を設立して南満州権益を独占し，第2次日英同盟と4次にわたる(58　　)を背景に国際社会で承認させた。

24 近代産業の発展と労働運動

1 ── 産業革命と資本主義の確立

1 産業革命と近代産業の形成　企業勃興（会社設立ブーム）から日清戦後経営まで

〈企業勃興〉産業革命	松方デフレ政策（増税・緊縮財政・紙幣整理・日本銀行の設立・官営事業払下げ）
	寄生地主制の発展（自作農の没落→寄生地主の小作料収入→企業経営・投資）
	官営事業払下げが財閥形成の基礎（三井・三菱〈岩崎〉・古河など政商）
	大阪紡績会社（輸入の紡績機械・蒸気機関による機械制生産，渋沢栄一らが設立）
	横浜正金銀行（貿易の金融）や三井物産（商社）
1890	日本最初の恐慌
産業革命の進展─軽工業中心	①生糸製糸業…欧米向け輸出産業（1894 座繰製糸＜器械製糸）←養蚕農家の増加
	②綿糸紡績業…手紡→ガラ紡（臥雲辰致の発明，水車）→紡績機械（蒸気）
	原料のインド綿の大量輸入（日本郵船会社のボンベイ航路開設）
	1890 綿糸生産量＞輸入量　　1897 綿糸輸出量＞輸入量
	③綿織物業…原料は輸入綿糸，飛び杼を採用した手織機の改良（農村の問屋制家内工業）
	④鉄道…1881 日本鉄道会社の設立（民営），1889 東海道線全通（官営）
	⑤海運業…日本郵船会社（三菱と共同運輸が合併）の遠洋航路（ボンベイ・欧米・豪州）開拓
	1896 造船奨励法・航海奨励法による国の造船・海運業の後押し
日清戦争	軍備拡張の推進，賠償金→1897 金本位制の確立（貨幣法の制定）
戦後経営	資金提供→特殊銀行（日本勧業銀行→農工業や日本興業銀行→産業資本）
	貿易振興→商社（三井物産など），横浜正金銀行（貿易金融）

2 近代産業の発展

1900	資本主義恐慌
近代産業の発展─重工業中心	①重工業…1901 官営八幡製鉄所の操業開始（中国大冶鉄山の鉄鉱石・筑豊炭田の石炭）
	1905 池貝鉄工所が先進国並みの精度をもつ旋盤の国産化
	1907 日本製鋼所が北海道室蘭に設立（民間）
	②鉄道…1906 鉄道国有法の施行，南満州鉄道株式会社の設立
	③電力事業…水力発電の本格的な開始
	④製糸業…1909 生糸輸出世界第1位（対アメリカ中心）
	⑤紡績業…1909 綿布輸出額が輸入額をこえる（満州・朝鮮へ輸出）
	⑥綿織物業…豊田佐吉が国産力織機を発明
日露戦争 ⇩	軍備拡張の推進→政府による民間重工業の保護
	財閥がコンツェルンを形成…持株会社が傘下の複数企業を支配
戦後経営	日本経済における植民地（満州・朝鮮・台湾）の役割拡大
	農業生産の停滞や農村の困窮→内務省を中心に地方改良運動の推進
1907	明治40年の恐慌

2 ── 資本主義の発達と労働運動

1 明治時代の社会運動

労働問題の発生…女性労働者(製糸業・紡績業)と男性労働者(鉄道・炭鉱)から

〔労働現場の実態〕
①雑誌『日本人』…高島炭鉱問題
②『**日本之下層社会**』(横山源之助)
③『**職工事情**』(農商務省)…工場法立案の資料
④『**女工哀史**』(細井和喜蔵)…紡績工女
〔**足尾鉱毒事件**(**渡良瀬川**流域)〕
田中正造が**天皇直訴**→谷中村に遊水池設置
〔ストライキの発生〕
山梨雨宮製糸工場スト,大阪天満紡績スト
〔労働運動〕
1897 **労働組合期成会**(高野房太郎・片山潜)

〔社会主義運動〕
1898　社会主義研究会→1900 社会主義協会
1901　**社会民主党**→治安警察法で即刻禁止
1903　**平民社**→『**平民新聞**』発刊
1906　**日本社会党**(最初の合法的社会主義政党)
〔政府の対応〕
1900　**治安警察法**の制定(第2次山県有朋内閣)
1910　**大逆事件**で幸徳秋水らが処刑される
　　　　→以降,社会主義「**冬の時代**」
1911　**工場法**の制定(第2次桂太郎内閣)
　　　※施行は1916年,15名以上の工場に限定

2 大正デモクラシーと社会運動

大正時代の民主主義的改革を要求する運動と思想

〔大正デモクラシーの理論〕
①美濃部達吉「**天皇機関説**」
②吉野作造「**民本主義**」→黎明会や東大新人会の結成
〔労働運動〕**労働争議**の急増
1912　**友愛会**(鈴木文治ら)…労資協調主義
　　　→大日本労働総同盟友愛会,第1回メーデー(1920)
1921　**日本労働総同盟**…階級闘争主義
〔農民運動〕**小作争議**の急増
1922　**日本農民組合**(杉山元治郎・賀川豊彦ら)
〔社会主義運動〕「冬の時代」から活動再開
1920　**森戸事件**(クロポトキン研究の森戸辰男を弾圧)
　　　日本社会主義同盟(→翌年解散)
　　　→**無政府主義者**⇔共産主義者
　　　　(大杉栄)　　　(堺利彦・山川均)

〔女性解放運動〕
1911　**青鞜社**(平塚らいてう〈明〉ら)
1920　**新婦人協会**(平塚・市川房枝ら)
　　　　治安警察法第5条(女性の政
　　　　治運動参加禁止)改正に成功
1921　**赤瀾会**(山川菊栄・伊藤野枝ら)
1924　婦人参政権獲得期成同盟会
〔部落解放運動〕
1922　**全国水平社**
　　　　西光万吉による水平社宣言
〔普選運動〕男性普選の獲得を要求
　　　加藤友三郎内閣…普選検討
　　　山本権兵衛内閣…導入準備
　　　　→虎の門事件で導入消滅

3 大正末期から昭和初期の社会運動とその挫折

1922　**日本共産党**(堺利彦・山川均ら)
　　　　コミンテルンの指導下,非合法で結成
1925　普通選挙法の成立
1926　合法的な無産政党の**労働農民党**結成
　　　　右派の社会民衆党と
　　　　中間派の日本労農党が脱退
1928　**第1回普通選挙**
　　　　無産政党から8名が当選
　　　　日本共産党が公然と活動開始

〔政府の対応〕
1925　**治安維持法**の成立
1928　田中義一内閣による弾圧
　　　①**治安維持法改正**(最高刑に死刑を追加)
　　　②全国の警察に**特別高等課**(**特高**)設置
　　　③**三・一五事件**(1928)
　　　　四・一六事件(1929)
　　　日本共産党員への弾圧

24 スピード・チェック
近代産業の発展と労働運動

1 ── 産業革命と資本主義の確立

❶ 1886〜89年に鉄道や紡績などでおこった会社設立ブームは(1　　)といわれ,機械技術を本格的に導入する(2　　)が日本でもはじまった。

❷ 軍事工場と鉄道を除く官営事業は民間に払い下げられ,三井・三菱・古河などの(3　　)は優良鉱山の払下げを受け,鉱工業を基盤に(4　　)に成長していった。

❸ (5　　)は,1881年に華族団体が設立した日本で最初の私鉄会社で,1891年に上野・青森間の鉄道を開通させたが,1906年の(6　　)で政府に買収された。

❹ 当初,綿紡績業の中心は手紡や臥雲辰致が発明した(7　　)であった。(7　　)は1877年の第1回内国勧業博覧会で最高の賞を与えられた簡単な紡績機械である。

❺ 1883年,渋沢栄一らによって設立した(8　　)が開業し,輸入の紡績機械や蒸気機関を用いて1万錘規模の経営に成功した。

❻ 綿糸の機械制生産が急増し,1890年には,生産量が輸入量を上まわり,さらに日清戦争頃から大陸への輸出を急増させ,(9　　)年には輸出量が輸入量を上まわった。

❼ 綿織物業は(10　　)を取り入れた手織機の改良による問屋制家内工業が,(11　　)が考案した(12　　)によって小工場へ転換し,1909年,綿布の輸出量が輸入量を上まわった。

❽ 生糸製糸業は欧米向け輸出産業として発達し,1894年には(13　　)による生産量が(14　　)の生産量を上まわり,1909年には清国を追い抜き輸出規模は世界最大となった。

❾ 1896年,政府は(15　　)・(16　　)を公布して,鉄鋼船の建造と外国航路就航船に奨励金を交付することとし,造船・海運業の振興をはかった。

❿ 1897年には(17　　)を制定し,日清戦争の賠償金によって得た金を準備金として,欧米諸国にならって(18　　)を確立し,貨幣価値の安定と貿易の発展をはかった。

⓫ 農工業の改良・発達を目的とした長期貸付をおこなう(19　　)や産業資本の長期融資をおこなう(20　　)など,政府は近代産業育成のために特殊銀行の設立を進めた。

⓬ 産業革命の進展とともに貿易の規模が拡大し,貿易品の取扱いで(21　　)などの商社が活躍し,特殊銀行である(22　　)が貿易の金融に当たった。

⓭ 政府が重工業の基礎となる鉄鋼の国産化をめざして1897年に設立した官営(23　　)は,中国の(24　　)の鉄鉱石と筑豊炭田の石炭を使用して1901年に操業を開始した。

⓮ 政府の保護のもとに民間重工業も発達し始め,(25　　)など民間の製鋼会社の設立が進み,工作機械工業では(26　　)が先進国並みの精度をもつ旋盤の国産化に成功した。

⓯ 財閥は,金融・貿易・運輸・鉱山業などを中心に多角経営を繰り広げ,コンツェルンの形態を整え始め,三井財閥の(27　　)に続き,各財閥もそれぞれ持株会社を設立した。

⓰ 小作料収入に依存する(28　　)は,資本主義との結びつきを深める一方,小作農は子女を工場に出稼ぎに出すなど,かろうじて家計をおぎなっていた。

2 ── 資本主義の発達と労働運動

24 近代産業の発展と労働運動

❶ 労働者の苛酷な状態については、1888年、三宅雪嶺が三菱経営の長崎の高島炭鉱における劣悪な労働状況を雑誌『(29   )』で告発し、政府の改善命令が出された。

❷ 1899年に(30   )は産業革命期の労働者の状態を『日本之下層社会』で紹介し、1903年、農商務省は『(31   )』に工場労働者の実態調査をまとめた。

❸ 1897年、アメリカから帰国した(32   )や片山潜らが(33   )を結成し、労働運動の指導に乗り出し、鉄工組合とともに機関誌『労働世界』を発行した。

❹ 古河市兵衛が政府から払下げを受けた栃木県足尾銅山の鉱毒が(34   )流域にもれ、同県選出の衆議院議員(35   )は公害問題解決に奔走し、議員を辞任して天皇に直訴した。

❺ 第2次(36   )内閣は、1900年、集会・結社の事前届出制、女性の政治結社加入禁止、団結権・罷業権の制限などを規定した(37   )を制定し、社会運動や労働運動を弾圧した。

❻ 1911年、12歳未満や女性・少年の深夜業禁止、12時間労働などを内容とする(38   )が制定されたが、15人以上の工場にしか適用されず、施行は5年後であった。

❼ 安部磯雄・片山潜らは、最初の社会主義政党である(39   )を結成し、普選実施・軍備全廃などをとなえたが、2日後に禁止された。

❽ 『万朝報』を退社した幸徳秋水と堺利彦は、平民社をおこし機関紙『(40   )』を発刊して社会主義の紹介や日露反戦論を展開したが、再三発禁となり、1905年に廃刊となった。

❾ 1906年、堺利彦・片山潜らが結成した(41   )は、第1次西園寺内閣のもとで合法的存在として認められたが、穏健派と過激派の対立で分裂し、翌年解散させられた。

❿ 1910年、天皇暗殺を企てたとして無政府・社会主義者26名が逮捕・起訴され、全員有罪となり12名が死刑となった(42   )以後、社会主義運動は「冬の時代」を迎えた。

⓫ 民本主義をとなえた(43   )は(44   )を組織して全国的な啓蒙運動をおこない、東大新人会では学生運動を指導した。

⓬ 大正時代の労働運動は、鈴木文治による労資協調主義の(45   )に始まる。1920年、第1回(46   )を主催し、1921年、名称を(47   )と改め、階級闘争主義が強まった。

⓭ 農村では小作料の引下げを求める小作争議が頻発し、1922年には杉山元治郎・賀川豊彦らによって(48   )が結成された。

⓮ 1920年、日本社会主義同盟が結成され社会主義運動が再開されたが、同年クロポトキンの研究を発表した東京帝国大学助教授の(49   )は休職処分にさせられた。

⓯ 社会主義勢力内部で大杉栄らの無政府主義者と対立していた堺利彦や山川均らによって、1922年、(50   )がコミンテルンの支部として非合法のうちに結成された。

⓰ 文学者団体の青鞜社を結成した(51   )と市川房枝らが1920年に(52   )を設立し女性解放運動を進めた結果、治安警察法第5条が改正された。

⓱ 部落解放運動が西光万吉らを中心に本格化し、1922年、「人の世に熱あれ、人間に光あれ」で結んだ宣言により(53   )が結成された。

⓲ 1925年、加藤高明内閣は普通選挙法とともに(54   )を成立させて、共産主義者の活動を取り締まろうとした。1928年の第1回普通選挙で(55   )勢力から8名が当選し、日本共産党が公然と活動を開始したため、田中義一内閣は(54   )改正や道府県の警察へ(56   )を設置し、三・一五事件、四・一六事件で弾圧した。

97

25 第一次世界大戦と日本

1 ── 第一次世界大戦

1 大正政変　護憲運動の高揚…美濃部達吉「天皇機関説」「政党内閣論」

西園寺公望②	1912　中華民国成立(孫文による辛亥革命) 　　　陸軍2個師団増設要求→西園寺内閣拒絶→ 　　　上原勇作陸相辞職→内閣総辞職 　　　※明治天皇死去→大正天皇即位	桂太郎③	1913　内大臣兼侍従長の桂が組閣 　　　第一次護憲運動(犬養毅・尾崎行雄 　　　「閥族打破・憲政擁護」)→桂、立憲 　　　同志会の結成を企図→民衆が議会包 　　　囲→内閣総辞職(大正政変)
山本権兵衛①	大正政変後、薩摩出身の海軍大将山本権兵衛が立憲政友会を与党として組閣 ①軍部大臣現役武官制改正(予備・後備役の大・中将にまで資格拡大→軍の影響力を制限) ②文官任用令緩和(高級官僚を自由任用制に復す→政党員の官僚への道拡大) 　1914　ジーメンス事件(ジーメンス社から海軍高官への贈収賄発覚)→内閣総辞職			

2 第一次世界大戦と日本の中国進出　　 3 大戦景気

大隈重信②／寺内正毅	1914　ドイツに宣戦布告…日英同盟を口実 　　　→山東半島の青島、赤道以北のドイツ 　　　　領南洋諸島の一部を占領 1915　中国の袁世凱政府に二十一カ条の要求 　　　→最後通牒を発して大部分を受諾させる 　　　　(袁政権が受諾した5月9日は国恥記念日) 1916　第4次日露協約 1917　段祺瑞政権に西原借款 1917　石井・ランシング協定 　　　日本の特殊権益承認 1917　ロシア革命(レーニン・ソヴィエト政権) 1918　シベリア出兵…ロシア革命に干渉 　　　→米騒動→内閣総辞職	〔第一次世界大戦中〕 ①貿易の輸出超過…債務国→債権国 　英仏露などの連合国に軍需品 　アジア市場への綿布輸出激増 　戦争景気のアメリカへ生糸輸出激増 ②重化学工業の発展…男性労働者の増加 　海運・造船の好況→船成金の誕生 　鉄鋼…八幡製鉄所拡張 　　　　満鉄の鞍山製鉄所設立 　化学…ドイツからの輸入が途絶えて勃興 　電力…猪苗代水力発電所→東京へ送電 　⇒産業構造の変化…農業国→工業国 ③物価高騰で苦しむ多数の民衆と農業の停滞

4 政党内閣の成立　政治の民主化…吉野作造「民本主義」

寺内	1916　寺内超然内閣に対抗して憲政会を結成 1917　議会解散、総選挙→立憲政友会が第一党
原敬	1918　立憲政友会総裁の原敬(平民宰相)が内閣を組織…初の本格的な政党内閣の誕生 ①選挙法改正(選挙権の納税資格10円→3円)、小選挙区制導入、普通選挙制導入には反対 ②積極政策…鉄道拡充・高等学校増設・産業振興 　　→恐慌や汚職事件→原暗殺(1921)→蔵相高橋是清が後継となった内閣は短命
\[以後、約2年3代の非政党内閣〕 加藤友三郎内閣→山本権兵衛②内閣(関東大震災処理、虎の門事件で総辞職)→清浦奎吾内閣	

2 ── ワシントン体制

1 パリ講和会議
第一次世界大戦の講和：参加27カ国，日本全権：西園寺公望・牧野伸顕

ヴェルサイユ条約 (1919)	ドイツ…すべての植民地を放棄，領土の一部割譲，軍備制限，巨額の賠償金 東欧…**民族自決**の原則にもとづき，多数の独立国が誕生 日本…山東省旧ドイツ権益の継承，赤道以北のドイツ領南洋諸島の委任統治権獲得
国際連盟の成立 (1920)	アメリカ大統領**ウィルソン**の提唱，日本は英仏伊とともに**常任理事国** 米の不参加，ソ連・ドイツの排除，違反国への制裁規定なし
民族運動の高揚	朝鮮：**三・一独立運動**(1919年3月1日) 　京城（ソウル）から「独立万歳」を叫ぶ民族独立運動が朝鮮全土に拡大 中国：**五・四運動**(1919年5月4日) 　北京の学生のヴェルサイユ条約への抗議デモが反日国民運動に発展
ヴェルサイユ体制	第一次世界大戦後のヨーロッパの新しい国際秩序

2 ワシントン会議
米大統領ハーディング提唱：日本全権：加藤友三郎・幣原喜重郎・徳川家達

目的	①米・英・日間の**建艦競争**を停止させ，自国の財政負担の軽減をはかる ②東アジアにおける日本の膨張をおさえる	
四カ国条約(1921)	英米日仏	太平洋諸島の現状維持，権利侵害の際の共同防衛 ⇨**日英同盟の廃棄**
九カ国条約(1922)	英米日仏伊 ベルギー ポルトガル オランダ・中国	中国の主権尊重・門戸開放・機会均等 ⇨ **石井・ランシング協定の廃棄** 　山東省懸案解決条約の締結で山東省の権益を返還
ワシントン海軍軍縮条約(1922)	英米日仏伊	①主力艦(戦艦・巡洋艦)等の保有量を制限 　米：英：日：仏：伊＝5：5：3：1.67：1.67 ②以後10年間，主力艦の建造禁止⇨**八・八艦隊計画は挫折**
ワシントン体制	①日本の国際的地位の後退　②**協調外交**の展開(**幣原外交**)	

3 第二次護憲運動から憲政の常道へ

第二次護憲運動 (1924)	①清浦奎吾の超然内閣←**護憲三派**(**憲政会・立憲政友会・革新倶楽部**)が反対 ②総選挙で護憲三派が清浦支持の政友本党に圧勝→二大政党時代へ	
加藤高明内閣〈護憲三派内閣〉	〔「**憲政の常道**」の始まり〕 ①幣原喜重郎外相による**協調外交** ②**普通選挙法**成立…満25歳以上の男性に衆議院議員の選挙権→有権者4倍増 ③**治安維持法**成立…**国体の変革，私有財産制度の否認**←日ソ基本条約	
加藤内閣②〈憲政会単独〉	1926	首相の病死により総辞職
若槻礼次郎内閣①〈憲政会〉	1926	大正天皇死去→摂政の**裕仁親王**即位，**昭和**と改元
田中義一内閣〈立憲政友会〉	1927	野党の憲政会と政友本党が合同し**立憲民政党**を結成
浜口雄幸内閣〈立憲民政党〉	1930	首相が東京駅で狙撃され重傷で総辞職
若槻内閣②〈立憲民政党〉	1931	満州事変を収拾できずに総辞職
犬養毅内閣〈立憲政友会〉	1932	**五・一五事件**で首相暗殺⇨「憲政の常道」の終わり

25 スピード・チェック
第一次世界大戦と日本

1 ── 第一次世界大戦

❶ 東大教授の憲法学者(1　)は、「主権は国家にあり、天皇は国家の最高機関である」とした(2　)と政党内閣論を説き、吉野作造の民本主義と大正デモクラシーを支えた。

❷ 第2次(3　)内閣が陸軍の朝鮮駐屯の2個師団増設要求を拒否すると、陸相(4　)は単独で辞表を天皇に提出し、陸軍も後任推薦を拒否したため内閣は総辞職した。

❸ 第3次桂太郎内閣が組閣されると、立憲政友会の(5　)や立憲国民党の犬養毅を中心として、「閥族打破・(6　)」を掲げる第一次護憲運動が展開された。

❹ 非難をあびた桂首相は(7　)を結成して対抗しようとしたが、民衆が議会を包囲する中、1913年2月にわずか53日で退陣した。これを(8　)という。

❺ 大正政変のあと、山本権兵衛内閣は、文官任用令緩和や(9　)改正など政党に譲歩する政策を実施したが、海軍をめぐる(10　)がもとで退陣した。

❻ 第2次大隈重信内閣は、(11　)を理由に第一次世界大戦への参戦を決定し、ドイツに宣戦布告後、山東半島膠州湾のドイツの軍事根拠地(12　)を占領した。

❼ ヨーロッパ諸国が中国問題に介入する余力がないのに乗じて、日本は1915年、中国の(13　)政府に(14　)をつきつけ、最後通牒を発してその大部分を受諾させた。

❽ 二十一カ条の要求の内容は、山東省内のドイツ権益の継承、南満州・東部内蒙古における権益強化、(15　)の日中合弁などで、反対した中国国民は受諾した5月9日を(16　)と呼んだ。

❾ 大隈内閣退陣後の(17　)内閣は、中国における日本の権益の拡大をねらって、私設特使を派遣して(18　)政権に巨額の借款を与える(19　)をおこなった。

❿ 中国の利権をめぐりアメリカとの関係悪化を調整するために(20　)が締結され、中国の領土保全・門戸開放と日本の中国における特殊権益の承認とを確認し合った。

⓫ 日本は、英・仏・米とともに(21　)の率いるソヴィエト政権が樹立したロシアに対して干渉するため、1918年、チェコスロヴァキア軍救援を名目に(22　)をおこなった。

⓬ 第一次世界大戦中、海運業・造船業は巨利を得、いわゆる(23　)が生まれ、鉄鋼業では二十一カ条の要求で獲得した鉱山採掘権をもとに満鉄が(24　)を設立、繊維業では(25　)と呼ばれる日系資本の紡績工場が中国へ進出した。

⓭ 化学工業のほか、電力事業では水力発電が増大し1915年に(26　)・東京間の送電に成功するなど、大戦景気で重化学工業が躍進し、工業生産額は農業生産額を追いこした。

⓮ 1918年、富山県の漁村の女房一揆が全国に波及した(27　)は、政府が軍隊を出動し鎮圧されたが、世論の攻撃もあって寺内内閣は総辞職し、立憲政友会総裁の(28　)が、陸・海・外相を除く大臣をすべて党員で占める最初の本格的(29　)を組織した。

⓯ 原敬は爵位をもたず藩閥とも無関係だったので「(30　)」と呼ばれたが、普選実施には消極的で納税資格の直接国税を3円以上に引き下げるにとどめた。

⓰ 原敬暗殺後の(31　)内閣は内紛で短命に終わり、海軍大将(32　)が官僚内閣を復活さ

せ，以後約2年間にわたって3代の非政党内閣が続いた。

2 ── ワシントン体制

❶ 1918年，第一次世界大戦がドイツの降伏，連合国の勝利で終わった翌年，(33　)講和会議が開かれ，日本からは主席全権西園寺公望らが出席した。

❷ 講和条約である(34　)で，日本は(35　)省のドイツ権益を継承するとともに，赤道以北のドイツ領(36　)の委任統治権も獲得した。

❸ アメリカ大統領(37　)の提唱により，国際平和維持機関として(38　)が1920年に発足し，日本は常任理事国となったが，アメリカやソ連は不参加であった。

❹ 1919年，朝鮮では(39　)と呼ばれる大衆運動がおき，中国でもヴェルサイユ条約の内容へ抗議する(40　)が全国に拡大した。

❺ 1921年から22年にかけて，アメリカ大統領ハーディングの提唱で海軍の軍備縮小と太平洋及び極東問題を審議するための国際会議である(41　)が開催され，日本からは加藤友三郎らが全権として出席した。

❻ ワシントン会議では，太平洋での相互の権利尊重を約束した(42　)が英・米・日・仏のあいだで結ばれ，これにともなって日英同盟協約は廃棄された。

❼ 中国の領土と主権の尊重，中国における各国の経済上の機会均等などを約束した(43　)には，日・英・米・仏・伊・中などが調印し，これにもとづいて日本は山東省の権益を放棄し，石井・ランシング協定も廃棄された。

❽ 海軍軍縮条約は，主力艦の保有総トン数を英米：日：仏伊＝5：3：1.67，今後10年間建造停止と規定されたため，日本海軍の(44　)計画は挫折した。

❾ アジア・太平洋に形成されたワシントン体制のもと，高橋是清内閣より立憲政友会系の外相は(45　)を展開し，1924年以後，護憲三派・憲政会・立憲民政党内閣の(46　)外相が推進した。

❿ 第2次山本内閣が(47　)で倒れた後に，枢密院議長(48　)によって貴族院中心の超然内閣が組織されたのに対し，憲政擁護を掲げた(49　)が本格化した。

⓫ 憲政会・立憲政友会・(50　)の護憲三派は，1924年の衆議院議員総選挙で多数を占め，憲政会総裁の(51　)を首相とする護憲三派内閣が成立し，1932年に犬養内閣が倒れるまで，衆議院の多数党が政権を担当する「(52　)」が続いた。

⓬ 加藤高明内閣は1925年に普通選挙法を成立させ，納税資格を廃止して(53　)以上の男性に選挙権を認め有権者は4倍に増えたが，女性は含まれなかった。

⓭ 1925年，加藤高明内閣は(54　)に調印し日ソ国交樹立を達成したが，それにともなう社会主義の浸透を警戒して，治安維持法を制定した。

⓮ 1925年，立憲政友会は陸軍の長老(55　)を総裁に迎え革新倶楽部を併合すると，護憲三派は分裂し加藤高明首相の憲政会単独内閣となり，その病死後，憲政会総裁を継いだ(56　)が内閣を組織した。

⓯ 金融恐慌の処理に失敗し退陣した若槻内閣の後継として，1927年，立憲政友会総裁の田中内閣が成立し，野党となった憲政会は政友本党と合同して(57　)を結成した。

26 近代文化と大衆文化

1 — 国家主義と教育

1 国家主義思想の台頭（1890年代）←欧化主義と国権論の対立

平民的欧化主義	近代的民族主義		日本主義
徳富蘇峰（民友社） 雑誌『国民之友』 新聞『国民新聞』 ・平民の立場で日本の近代化を推進 ・日清開戦を機に対外膨張を主張	〔国粋（保存）主義〕 三宅雪嶺，志賀重昂，杉浦重剛，井上円了（政教社） 雑誌『日本人』 ・日本古来の伝統・文化を強調	〔国民主義〕 陸羯南 新聞『日本』 ・国家の独立と国民の統一を主張 ・義和団事件以後，帝国主義を容認	高山樗牛 雑誌『太陽』 ・キリスト教を攻撃，日本の伝統・価値を主張 ・日本の大陸進出肯定

2 教育の普及

年	内容
1871	**文部省**の新設
1872	**学制**…**国民皆学**の方針，フランスの学校制度にならった全国画一の学校体系→反対一揆
1879	**教育令**…アメリカの自由主義教育制度，地方の実情に応じた制度
1880	**改正教育令**…国家主義教育，教育の中央集権化と教育統制を強化
1886	**学校令**…**森有礼**文相，**帝国大学令・中学校令・小学校令・師範学校令**の総称，小学校の**義務教育**期間を3〜4年とする，国家主義と道徳教育の強調
1890	**教育に関する勅語（教育勅語）**…元田永孚・井上毅，忠君愛国の精神を強調 小学校令改正…尋常小学校3〜4年間の義務教育の明確化
1903	小学校令改正…**国定教科書**制度→教育の国家統制が進む
1907	小学校令改正…義務教育年限を6年に延長
1908	**戊申詔書**発布…教育をとおして勤倹節約と皇室の尊重，国民道徳の作興をはかる

3 民間の私立学校

慶応義塾（福沢諭吉）→慶応義塾大学	
同志社（新島襄）→同志社大学	
東京専門学校（大隈重信）→早稲田大学	
女子英学塾（津田梅子）→津田塾大学	

4 科学の発達

分野	人物
医学	北里柴三郎，志賀潔
薬学	高峰譲吉，鈴木梅太郎，秦佐八郎
地震学	大森房吉
天文学	木村栄
物理学	長岡半太郎，田中館愛橘
植物学	牧野富太郎

5 外国人教師（御雇外国人）の指導

分野	人物
法律	ボアソナード（仏），ロエスレル（独）
宗教	ヘボン（米），ジェーンズ（米）
教育	**クラーク**（米）
医学	ベルツ（独），ホフマン（独）
科学	モース（米），ナウマン（独），ミルン（英）
文芸	**フェノロサ**（米），ケーベル（露）
美術	ラグーザ（伊），フォンタネージ（伊），キヨソネ（伊），ワーグマン（英）
建築	コンドル（英）

26 近代文化と大衆文化

6 ジャーナリズムと近代文学

新聞	〔**大新聞**〕政治評論を中心　**横浜毎日新聞**（日本初の日刊紙）・**東京日日新聞**・『郵便報知新聞』・『朝野新聞』・『東洋自由新聞』・**時事新報**・『自由新聞』・『日本』・『国民新聞』・『万朝報』・『平民新聞』 〔**小新聞**〕江戸時代の瓦版の系統の大衆紙　『読売新聞』・『朝日新聞』
雑誌	『明六雑誌』・『女学雑誌』・『我楽多文庫』・『国民之友』・『日本人』・『文学界』・『太陽』・『少年世界』・『ホトトギス』・『労働世界』・『中央公論』・『明星』・『アララギ』・『白樺』・『青鞜』
文学	〔**戯作文学**〕仮名垣魯文　〔**政治小説**〕矢野龍溪・東海散士・末広鉄腸　〔**写実主義**〕坪内逍遙・二葉亭四迷〔**言文一致体**〕・尾崎紅葉・山田美妙（硯友社）　〔**理想主義**〕幸田露伴 〔**ロマン主義**〕北村透谷・森鷗外（→反自然主義）・樋口一葉・泉鏡花 〔**自然主義**〕国木田独歩・島崎藤村（→ロマン主義）・田山花袋・正宗白鳥・徳田秋声 〔**反自然主義**〕夏目漱石　〔近代詩〕森鷗外・島崎藤村・土井晩翠・上田敏 〔**短歌**〕与謝野鉄幹・晶子・石川啄木・長塚節・伊藤左千夫　〔**俳句**〕正岡子規・高浜虚子

7 明治の芸術（※印は大正時代）

演劇	〔歌舞伎〕河竹黙阿弥・**団菊左時代**（9代目市川団十郎・5代目尾上菊五郎・初代市川左団次） 〔**新派劇**〕川上音二郎（オッペケペー節） 〔**新劇（近代劇）**〕島村抱月＝文芸協会（→※芸術座）・小山内薫＝自由劇場（→※築地小劇場・土方与志）、※〔**新国劇**〕、※〔**宝塚少女歌劇**〕
音楽	唱歌（**伊沢修二**）→**東京音楽学校**（滝廉太郎）、※日本交響楽協会（**山田耕筰**）
美術	〔日本画〕**東京美術学校**──日本美術院　　　　　　　　　文部省 〔西洋画〕**工部美術学校**　　　　白馬会　　　　　　　　　美術展覧会　独立　※院展 　　　　　　　　　　　　　　　　明治美術会──太平洋画会　（文展→帝展）　→　（日本画） 〔彫刻〕**高村光雲**・荻原守衛　〔建築〕**コンドル**・辰野金吾・片山東熊

2 ─── 大衆文化（大正〜昭和初期）

教育	義務教育の徹底，中学生の急増，高等学校令・**大学令**（1918，単科・公立・私立大学認可）
大衆文化	〔都市生活〕**俸給生活者**（サラリーマン）・**職業婦人**の出現，洋服（モガ・モボ），**文化住宅**，電灯の普及，**地下鉄**開業，私鉄の経営する**ターミナルデパート** 〔活字文化〕**新聞**（100万部），**総合雑誌**（『中央公論』・『改造』など），**週刊誌**（『サンデー毎日』・『週刊朝日』など），**円本**・文庫本（岩波文庫など），**大衆（娯楽）雑誌**（『キング』など） 〔メディア〕**ラジオ放送**開始（1925），映画の流行（無声映画→**トーキー**）
学問	〔急進的自由主義〕雑誌『東洋経済新報』（**石橋湛山**） 〔**マルクス主義**〕河上肇『貧乏物語』，野呂栄太郎ら『日本資本主義発達史講座』 〔人文科学〕西田幾多郎，津田左右吉，柳田国男 〔自然科学〕**理化学研究所**・航空研究所・地震研究所，野口英世，本多光太郎
文学	〔**白樺派**〕有島武郎・志賀直哉・武者小路実篤　〔**耽美派**〕永井荷風・谷崎潤一郎 〔**新思潮派**〕芥川龍之介・菊池寛　〔**新感覚派**〕横光利一・川端康成 〔**プロレタリア文学**運動〕機関誌『種蒔く人』・小林多喜二・徳永直 〔大衆文学〕中里介山・吉川英治　〔児童文学〕鈴木三重吉『赤い鳥』
美術	〔西洋画〕**二科会**（安井曽太郎・梅原龍三郎）・春陽会（岸田劉生） 〔日本画〕**日本美術院再興**（横山大観・下村観山）

26 スピード・チェック
近代文化と大衆文化

1 ── 国家主義と教育

❶ 明治10年代後半の朝鮮問題を機に，民権論者の中にも(1　　)論をとなえるものが現われ，条約改正問題をめぐり，欧化主義と鋭く対立した。

❷ 三宅雪嶺・志賀重昂・杉浦重剛らは(2　　)を組織し，雑誌『日本人』を発行するなどして欧化政策を批判し，(3　　)主義をとなえた。

❸ 民友社を創設した(4　　)は，雑誌『(5　　)』を発刊し，民衆の立場からの自由・平等を主張して，平民的欧化主義をとなえたが，日清戦争とともに国家主義に転じた。

❹ 新聞『日本』を創刊した(6　　)は，国民主義を説き，国家の独立と国民精神の回復を主張し，雑誌『太陽』の主幹(7　　)は，国粋保存主義の影響を受けて，日本の伝統・価値を強調する日本主義をとなえた。

❺ 明治政府は教育制度の充実をめざして，1871年に教育行政を担当する(8　　)を設置し，その翌年にはフランスの学校制度にならって(9　　)を公布して国民皆学をはかった。

❻ 地方の実情を無視した画一的な学制は財政上も困難をきたしたため，1879年に新たに(10　　)が公布され，町村を小学校の設置単位とし，最低就学期間も短縮した。

❼ 1886年，初代文部大臣(11　　)により，帝国大学令・師範学校令・中学校令・小学校令などの，いわゆる(12　　)が制定され学校体系が整備された。

❽ 政府による国家主義的な教育理念を広く国民に示したものが，元田永孚らが起草した1890年の(13　　)で，儒教的な道徳観念を基礎とした「忠君愛国」を強調している。

❾ 1903年にはじまる(14　　)制度は，教育勅語とともに教育の国家統制を強め，小学校令に定められた尋常小学校4年間の(15　　)が，1907年には6年に延長された。

❿ 高等教育機関では，東京帝国大学をはじめ9帝大が創設されたほか，福沢諭吉の(16　　)，新島襄の(17　　)，大隈重信の(18　　)などの私立学校も発達した。

⓫ 医学の分野では，破傷風菌の純培養に成功し，伝染病研究所を設立した(19　　)や，赤痢菌の発見者(20　　)が出た。薬学では，タカジアスターゼを創製しアドレナリンを発見した(21　　)や，オリザニンの抽出に成功した(22　　)らの業績が名高い。

⓬ 物理学では，測地学・地磁気の測定，メートル法やローマ字の普及および航空物理学の発達などに寄与した(23　　)や，原子構造の理論を発表した(24　　)が有名である。

⓭ アメリカ人宣教師(25　　)は，1859年に来日し，医療にも従事するとともに，新しいローマ字を考案し，聖書の和訳を完成した。

⓮ 江戸時代以来の戯作文学で(26　　)が文明開化の世相を描き，自由民権運動の隆盛につれて，(27　　)，末広鉄腸，東海散士の政治小説が人気を博した。

⓯ (28　　)は『小説神髄』で写実主義をとなえ，(29　　)は言文一致体で『浮雲』を書き，それを作品化した。

⓰ 写実主義文学の大衆化につとめた尾崎紅葉や山田美妙らが(30　　)を結成し，回覧雑誌『我楽多文庫』を発刊したのに対し，(31　　)は『五重塔』など理想主義的な作品を著した。

⑰ 1893年，北村透谷らにより『(32　)』が創刊されてロマン主義が発展し，『たけくらべ』の(33　)や『みだれ髪』の与謝野晶子が活躍した。
⑱ 正岡子規は1897年，俳句雑誌『(34　)』の創刊に協力して俳句の革新を主張し，高浜虚子や短歌雑誌『アララギ』を創刊した伊藤左千夫らの門下を育てた。
⑲ 日露戦争前後の文壇では，国木田独歩らによって自然主義が隆盛となったが，同時代に『吾輩は猫である』などの(35　)の作品群や森鷗外の歴史小説なども現れた。
⑳ 歌舞伎では，明治中期には9代目市川団十郎・5代目尾上菊五郎・初代市川左団次が活躍し，(36　)といわれる黄金時代を迎えた。
㉑ オッペケペー節で一躍有名となった(37　)は自由党員で，民権思想に題材をとった壮士芝居をおこして，新派の創始者となった。
㉒ 1906年に坪内逍遙・島村抱月らが結成した(38　)や，1909年に2代目市川左団次と小山内薫が結成した(39　)などが，西洋の近代劇を翻訳・上演し，新劇といわれた。
㉓ イタリア人フォンタネージは1876年，外国人教師として来日し(40　)学校で油絵を教え，「収穫」を描いた浅井忠ら多くの門下を育てた。
㉔ アメリカ人教師フェノロサに学んだ(41　)は日本美術の伝統を再評価して，1887年，西洋美術を除外した(42　)学校の設立に尽力し，校長辞任ののち(43　)を設立した。
㉕ 西洋画では1889年，浅井忠らによって日本最初の洋画団体である(44　)が設立され，(44　)を脱退した黒田清輝らが結成した外光派の(45　)が画壇の主流となった。

2 ── 大衆文化（大正〜昭和初期）

❶ 吉野作造が民本主義を発表した『(46　)』や，民衆解放による社会改造を進めるとの編集方針に立った『(47　)』などの総合雑誌が発展した。
❷ 人道主義・新理想主義・個人主義を掲げた(48　)・志賀直哉・有島武郎ら学習院出身のグループは，雑誌『(49　)』を創刊した。
❸ 文壇で新思潮派や新感覚派が活躍する一方，文芸雑誌『種蒔く人』の創刊を機に，(50　)の『蟹工船』，(51　)の『太陽のない街』などの(52　)運動が活発化した。
❹ 関東大震災後，1冊1円の『現代日本文学全集』などの(53　)や岩波文庫，発行部数が100万部をこえた大衆娯楽雑誌『(54　)』などによって，出版が大衆化していった。
❺ 1925年，(55　)放送が東京・大阪・名古屋で開始され，翌年にはこれらの放送局が統合され，日本放送協会（NHK）が設立された。
❻ マルクス主義は大正デモクラシーの風潮のもとで知識人に大きな影響を与え，(56　)の『貧乏物語』が広く読まれ，日本資本主義論争が展開された。
❼ 自然科学の分野では，1917年に理化学研究所が設立され，また，KS磁石鋼を発明した物理学者(57　)の主唱で東北大学に鉄鋼研究所が創立された。
❽ 島村抱月・松井須磨子らが結成した芸術座とともに，小山内薫・土方与志がつくった(58　)は新劇運動の拠点となった。
❾ 日本画では，1914年に横山大観らによって日本美術院が再興され院展がさかんになる一方，洋画は安井曽太郎・梅原龍三郎らが参加した(59　)や春陽会が設立された。

27 恐慌と軍部の台頭

1── 恐慌の時代
1 恐慌の発生

戦後恐慌 (1920)	原因	第一次世界大戦終結⇨列強の復興⇨アジア市場への輸出減少・輸入超過
	経過	輸入超過(1919)，株式市場の暴落(1920)
	拡大	**関東大震災**の発生(1923)→銀行の手持ち手形が決済不能 　　　　　　　　　　→日本銀行の特別融資(**震災手形の処理**)
金融恐慌 (1927)	原因 経過	片岡直温蔵相の失言⇨取付け騒ぎの発生⇨銀行の休業 東京渡辺銀行の取付け騒ぎ⇨**鈴木商店**の倒産，**台湾銀行**の休業 …第1次若槻礼次郎内閣は台湾銀行救済のため緊急勅令案を出す 　→枢密院の了承が得られず否決(内閣総辞職) …田中義一内閣，**モラトリアム**(支払猶予令)発令・日銀の融資→鎮静化

〔1920年代の恐慌の結果〕
①第一次世界大戦中からの過剰生産，過大に膨張した経済の適正化が進まず
②輸入超過の増加　　③金輸出禁止の継続(1917〜)→外国為替相場は不安定(動揺と下落)
④企業の集中・カルテル結成・資本輸出(例：在華紡)の動き
　　→財閥の支配(三井・三菱・住友・安田・第一銀行の金融界支配)

昭和恐慌 (1930〜31)	背景	浜口雄幸内閣の経済政策(蔵相：井上準之助)　金解禁→為替相場安定 緊縮財政→物価引下げ，産業合理化→国際競争力
	原因	**世界恐慌**(1929)…ニューヨークでの株式暴落が世界に波及 **金輸出解禁**(金解禁)(1930)…金本位制への復帰　⎫ 二重の打撃
	経過	輸出の減少，正貨の流出，失業者の増大，**重要産業統制法**(1931)の制定 農産物価格の暴落→**農業恐慌**…欠食児童や女子の身売りが続出

〔結果〕中小企業の没落，政党と財閥の結託，労働争議・小作争議の激増

2 恐慌からの脱出

管理通貨制度	原因	犬養毅内閣(蔵相：高橋是清)による金輸出再禁止の断行(1931)
	経過	①円の金兌換停止→円安による輸出の増大(綿織物の輸出世界第1位) ②軍事費中心の膨張財政⇨重化学工業の発達 ③農村救済請願→時局匡救事業として公共土木工事，**農山漁村経済更生運動**
	結果	(a)鉄鋼業…**日本製鉄会社**の創立 (b)**新興財閥**の台頭…日産コンツェルン(鮎川義介)・日窒コンツェルン(野口遵) (c)農業…産業組合の拡充による農民の結束(自力更生をうながす)

〔列強の対応〕アメリカ…フランクリン=ローズヴェルト大統領の**ニューディール**政策
　　　　　　　イギリス・フランス…**ブロック経済圏**の形成
　　　　　　　イタリア・ドイツ…一党独裁の全体主義(**ファシズム**やナチズム)体制の確立
　　　　　　　ソ連…**スターリン**による5カ年計画の実施

2 ── 軍部の台頭

1 中国政策の転換

〈中国〉第1次国共合作(1924) ⇨ 北伐の開始(1926, 蔣介石を中心とする国民革命軍)
　　　　⇨ 南京に国民政府樹立

〈対欧米協調・対中強硬外交〉田中義一内閣
①欧米政策…若槻内閣を引き継ぐ協調外交
　　　　→ジュネーヴ軍縮会議への参加, 不戦条約(1928)の調印
②中国政策…強硬外交に転換
　　山東出兵(1927〜28, 第1〜3次)
　　　目的：北伐(国民革命軍による北方軍閥の討伐)の阻止, 張作霖の支援
　　　経過：東方会議(1927)…満州の日本権益を実力で守る方針の決定
　　→済南事件(1928)国民革命軍と衝突, 済南城の占領
③軍部の暴走　関東都督府 ⇨ 関東庁・関東軍(1919)
　　満州某重大事件(1928)…奉天郊外
　　　内容：関東軍による張作霖爆殺事件, 田中義一首相は真相公表・厳重処分を上奏
　　　結果：河本大作大佐の停職のみ→天皇の不興→内閣総辞職

〈協調外交〉浜口雄幸内閣
①中国政策…協調外交の復活(外相：幣原喜重郎)→日中関税協定(1930)
②ロンドン海軍軍縮会議(1930, 全権：若槻礼次郎)
　　内容：ロンドン海軍軍縮条約(補助艦　英：米：日＝10：10：7)
　　結果：協調外交の挫折…統帥権干犯問題　浜口首相を狙撃

2 満州事変の経過

①満州事変(1931〜33)
背景：張学良, 満州を国民政府に帰属→協調外交を軟弱外交と非難(「満蒙の危機」)
　　　関東軍参謀石原莞爾らは, 中国の国権回収運動に対し反発。
経過：柳条湖事件(奉天郊外で南満州鉄道の線路爆破)→関東軍の軍事行動→関東軍は第2次若
　　　槻礼次郎内閣の不拡大方針を無視 ⇨ 若槻内閣総辞職, 犬養毅内閣成立
　　　全満州を軍事制圧 ⇨ 塘沽停戦協定(1933)により終結

②日本の国際的孤立
満州国の建国宣言(溥儀は1932年執政, 34年皇帝に就任)
影響：承認をしぶった犬養内閣は五・一五事件で崩壊→斎藤実内閣
結果：(a)日満議定書の締結(1932)→リットン報告書による勧告案→国際連盟脱退
　　　(b)ロンドン・ワシントン条約失効(1936)

3 国家改造運動

1931	三月事件・十月事件(橋本欣五郎・大川周明)
1932	血盟団事件(井上日召)…井上準之助・団琢磨暗殺
	五・一五事件…犬養首相暗殺, 政党内閣崩壊→国家社会主義への転向(斎藤実内閣)
1933	滝川事件…京都帝国大学法学部教授の滝川幸辰の休職
1935	天皇機関説問題(美濃部達吉)…岡田啓介内閣が国体明徴声明を発表
1936	二・二六事件
	…皇道派青年将校らのクーデタ, 斎藤実内相・高橋是清蔵相を殺害, 北一輝の影響

27 恐慌と軍部の台頭

スピード・チェック

1 ── 恐慌の時代

❶ 1920年，立憲政友会の(1   )内閣の時，第一次世界大戦の大戦景気の反動として，株価の暴落を契機に(2   )がおこった。

❷ 1923年，関東大震災のために決済不能になった(3   )に対して，日本銀行は特別融資をおこなったが，不況が続き，決済は進まなかった。

❸ 1927年，(4   )蔵相の東京渡辺銀行の経営悪化に関する失言から(5   )がおこり，多くの銀行が休業する金融恐慌が始まった。

❹ 金融恐慌は，第一次世界大戦中に総合商社として発展した(6   )を倒産させた。そのため，若槻礼次郎内閣は，その不良債権をもつ(7   )を救済しようと緊急勅令案を出したが，枢密院の了承が得られず，総辞職した。

❺ 田中義一内閣は，銀行が支払いを一時停止する(8   )(支払猶予令)を出し，それを3週間実施したことによって，金融恐慌をようやくしずめた。

❻ 第一次世界大戦後，中国に(9   )と呼ばれる日本資本による紡績工場が設立された。このような資本の輸出の動きは，金融恐慌後さらに強まり，三井・三菱・住友・安田・(10   )の5大銀行を中心に財閥の支配も進んだ。

❼ 立憲民政党総裁の(11   )内閣は，財政を緊縮して産業合理化を促進するために金輸出解禁をおこない，金本位制に復帰した。また1931年，カルテルの結成を助長する(12   )を制定したが，これは統制経済の先駆けとなった。

❽ 1929年，ニューヨークのウォール街の株価暴落に端を発した(13   )が日本にも波及し，翌年(14   )がおこった。

❾ 農村では，欠食児童や女子の身売りが続出したため，1932年には農民などの自力更生をはかる(15   )運動が展開された。

❿ 1931年，犬養毅内閣は，金輸出再禁止を断行して円の兌換を停止したため，政府が銀行券の最高発行額を管理統制する(16   )制度の時代に入った。そのうえ(17   )蔵相は，低為替政策をとって輸出を増進させ，産業界を活気づかせた。

⓫ 1930年代，重化学工業の発達はめざましく，鉄鋼業では既存の製鉄所を合同して国策会社(18   )がうまれ，自動車・化学工業では鮎川義介の(19   )コンツェルンといった(20   )が台頭して，満州・朝鮮へも進出していった。

⓬ 一方，列強は世界恐慌からの脱出をはかった。アメリカはフランクリン=ローズヴェルトの(21   )によって切り抜け，イギリスは(22   )を形成して対抗し，日本商品の植民地への輸出拡大を(23   )として非難した。

2 ── 軍部の台頭

❶ 1924年，孫文によって第1次国共合作がおこなわれ，翌年，国民革命軍の総司令に就任した(24   )は，全国統一をめざして北方軍閥を打倒する(25   )を開始した。

❷ 憲政会総裁の(26　)内閣は協調外交を推進した。この外交を批判してきた立憲政友会も(27　)内閣の初めには，ジュネーヴ軍縮会議に参加し，1928年にはパリで戦争の放棄を約する(28　)に調印した。

❸ 北伐の進展にともない，田中義一内閣は，対中国政策を強硬外交へと転換し，居留民の保護を名目として，1927〜28年にかけて(29　)をおこなった。とくに第２次の時には，国民革命軍と日本軍が衝突する(30　)がおこった。

❹ 1928年，(31　)の一部は北伐軍におされた(32　)を爆殺する事件を奉天郊外でおこした。この事件の真相は国民に知らされず，(33　)と呼ばれた。

❺ 浜口雄幸内閣は，協調外交を復活させて1930年には，補助艦の保有率を定めた(34　)に調印した。これに対して，軍部は(35　)であると政府を攻撃した。

❻ 中国で民族運動が高まる中，幣原喜重郎の協調外交に対して不満のある関東軍は，「(36　)」を叫び，武力による勢力圏確保を計画した。

❼ 関東軍は参謀であった(37　)を中心に，南満州鉄道の線路を爆破する(38　)をおこし，これを中国軍のしわざとして軍事行動を開始，満州事変が始まった。

❽ この南満州鉄道の爆破事件に対し，国際連盟は(39　)を派遣し，調査にあたらせた。

❾ 若槻礼次郎内閣の不拡大方針を無視して占領を拡大する軍部は，犬養毅内閣成立後の1932年，日本人僧侶の殺害を機に中国軍と衝突する(40　)をおこした。

❿ 1932年，清朝最後の皇帝(41　)を執政として満州国を建国した日本は，斎藤実内閣が成立すると(42　)を取りかわして満州国を承認した。

⓫ 1933年，国際連盟はリットン報告書にもとづき，日本軍の撤兵を求める対日勧告案を採択したため，日本全権(43　)は退場し，国際連盟脱退を通告した。

⓬ 軍人や右翼を中心に，急進的な(44　)運動が活発になり，財閥や政党を排除して軍中心の強力な内閣による転換がはかられるようになった。

⓭ 1931年，陸軍の青年将校の秘密結社である桜会と(45　)に率いられた右翼があいついでクーデタを計画していたことが発覚する(46　)がおこった。

⓮ 1932年，井上日召率いる(47　)が井上準之助前蔵相と三井財閥三井合名会社理事長(48　)を暗殺した。

⓯ 1932年の５月15日には海軍青年将校により(49　)首相が暗殺されるという五・一五事件がおこり，政党内閣は崩壊し，「憲政の常道」は終わりを告げた。

⓰ 1933年，『刑法読本』などで自由主義的刑法学説をとなえた京都帝国大学教授(50　)が，国家破壊の著作をおこなったとして免職になる事件がおこった。

⓱ 1935年，(51　)の天皇機関説が，反国体的学説として非難され政治問題化した。

⓲ 当初，美濃部達吉を擁護していた(52　)内閣は軍・右翼の攻撃に屈服し，(53　)を出して天皇機関説を否認した。これ以後，思想統制が一段と強化された。

⓳ 政治的発言を増した陸軍の内部では，永田鉄山を中心とする統制派と荒木貞夫・真崎甚三郎を中心とする(54　)という２つの派閥が対立していた。

⓴ 1936年，(55　)の思想的影響を受けた青年将校が，(56　)内大臣を殺害する二・二六事件がおこった。これ以後，軍部の発言力が強化された。

28 第二次世界大戦

1 — 日中戦争

	日本政府・軍部	中国国民党・共産党
1 背景	①塘沽停戦協定(1933)…満州事変は終結 ②華北分離工作(1935〜)…関東軍の主導 　華北を国民政府と分離して統治 ③広田弘毅内閣の政策 　(a)軍部大臣現役武官制の復活　(b)**日独防共協定** 　(c)**帝国国防方針の改定**	共産党の長征(1934〜36) 　国民党の攻撃を受け，瑞金から延安まで2,000km以上移動 **西安事件**(1936) ↓ 国民政府と共産党の内戦終結
2 開戦	①盧溝橋事件(1937)…北京郊外で日中軍事衝突 ②第2次上海事変…戦火の南方拡大 ③**日独伊三国防共協定**(ナチ党ヒトラー，ファシスト党ムッソリーニとの**枢軸**陣営が成立) ④南京占領…南京事件の発生→国際的な非難	→第2次国共合作 ↓ 抗日民族統一戦線の成立
3 展開	①近衛声明(1938) 　(a)「国民政府を対手とせず」 　　…国民政府との和平交渉断ち切る(1月) 　(b)**東亜新秩序声明(11月)→大東亜共栄圏構想** 　(c)近衛三原則(12月)→日・満・華の連帯 　　…善隣友好・共同防共・経済提携 ②新国民政府樹立…汪兆銘による親日の傀儡政権樹立 　→弱体のため戦争終結の戦略には失敗	アメリカ・イギリスから**援蒋ルート**を通じた援助を受ける

2 — 戦時統制と生活

1 経済統制

1937	企画院…戦時動員の企画・調整・立案
1938	**国家総動員法**(議会の承認なしに統制運用可能)，電力国家管理法，**産業報国会**の結成
1939	**国民徴用令**，価格等統制令
1940	切符制(砂糖・マッチ)，七・七禁令(贅沢品禁止)，米の**供出制**，大日本産業報国会の結成
1941	米の**配給制**，金属類回収令，勤労奉仕の義務化
1943	総合切符制

2 思想統制

①**国民精神総動員運動**(1937)…戦争遂行のため，日本精神の高揚をはかる
②**社会主義・自由主義思想の弾圧**…矢内原事件(1937)，人民戦線事件(1938)
③内閣情報局の設置(1940)→マス＝メディアの統制，戦争利用

3 文化統制

①プロレタリア文学→社会主義弾圧・国家主義的気運の高まり→**転向文学**
②戦争文学…日中戦争期　火野葦平の従軍記(『麦と兵隊』)など
　　　　　　　　　　　石川達三『生きてゐる兵隊』は発売禁止処分
③日本文学報国会(1942)の結成

3 ── 第二次世界大戦

1 太平洋戦争

近衛文麿①	1938	張鼓峰事件，ドイツがオーストリアを併合
平沼騏一郎	1939	**ノモンハン事件**，ドイツがチェコ侵入，独ソ不可侵条約 アメリカ，日米通商航海条約の廃棄通告→日中戦争の停戦をうながす
阿部信行		ドイツ軍，ポーランド侵入→イギリス・フランスが宣戦布告 （**第二次世界大戦**の開始）
近衛文麿②	1940	**新体制運動**の提唱，北部仏印進駐(目的：援蒋ルートの遮断・資源獲得) **日独伊三国同盟**の締結 **大政翼賛会**の結成(上意下達の機関，部落会・町内会・隣組の結成)
近衛文麿③	1941	**国民学校**へ改称…国家主義教育 台湾・朝鮮など日本の植民地で「**皇民化**」政策(創氏改名など) 日米交渉(野村吉三郎大使とハル国務長官) **日ソ中立条約**(松岡洋右外相)，独ソ戦争，関東軍特種演習 **南部仏印進駐**(南進政策の展開) →米国対日石油輸出の禁止，「ABCD包囲陣」形成(米・英・中・蘭) **帝国国策遂行要領**の決定
東条英機		ハル＝ノートの提示→御前会議で対英米開戦決定 →太平洋戦争の開始(12/8英領マレー半島へ上陸・ハワイ真珠湾攻撃)
	1942	翼賛選挙→翼賛政治会の結成，**ミッドウェー海戦**の大敗北
	1943	イタリアの降伏，**大東亜会議**(大東亜共栄圏の結束を主張)，**学徒出陣**・**勤労動員**(女子挺身隊)，サイパン島陥落(絶対国防圏の崩壊)→退陣
小磯国昭	1944	本土空襲，集団疎開(**学童疎開**)，レイテ沖で大敗(神風特攻隊の登場)
	1945	硫黄島の戦い ⇨ 本土空襲激化，**沖縄戦**，ドイツ降伏
鈴木貫太郎		**原子爆弾投下**(8/6広島・8/9長崎)，ソ連の対日参戦(8/8)， **ポツダム宣言受諾**(8/14)→降伏文書調印(9/2戦艦ミズーリ号上で)

2 戦争遂行処理会談

カイロ宣言 (1943.11)	エジプト	米・英・中(ローズヴェルト・チャーチル・蒋介石) 内容：対日戦遂行処理案(満州の返還，朝鮮独立を宣言)
ヤルタ協定 (1945.2)	クリミア半島	米・英・ソ(ローズヴェルト・チャーチル・スターリン) 内容：対独処理案，ソ連の対日参戦と千島譲渡などを約束
ポツダム宣言 (1945.7)	ベルリン	米・英・ソ(トルーマン・チャーチル〈のちアトリー〉・スターリン) 内容：日本の降伏を米・英・中の名で勧告

28 スピード・チェック
第二次世界大戦

1 ── 日中戦争

❶ 1933年,（1　）と呼ばれる日中軍事停戦協定が結ばれて，満州事変は終わった。しかし，関東軍により華北を国民政府の支配から切り離す（2　）が進められた。

❷ 二・二六事件後に成立した（3　）内閣は，陸海軍の（4　）の改定にもとづいて「国策の基準」を決定し，日独防共協定を結ぶなど，大規模な軍備拡張計画を推進していった。

❸ 1934年から中国共産党は,（5　）と呼ばれる苦難の大行軍をおこなって延安（えんあん）に移った。一方，1936年共産党軍の討伐を命じられていた（6　）が，蔣介石を監禁したことを契機に，国民政府も抗日の意志を示した。これを（7　）という。

❹ 1937年7月，北京郊外の（8　）で日中両軍の衝突事件がおこった。日本が戦線を拡大する中，第2次国共合作で抗日民族統一戦線が成立し，日中戦争へと発展した。

❺ イタリアではファシスト党を率いた（9　）が，ドイツでは（10　）を率いたヒトラーが政権を握った。

❻ 1937年，日本はこの2国とのあいだに日独伊三国防共協定を結び，日・独・伊3国間に（11　）を形成した。

❼ 1937年，日本軍は（12　）を占領したが，その前後に多数の中国人を殺害した。

❽ 1938年，「国民政府を対手とせず」という（13　）が出され，東亜新秩序の建設が戦争の目標とされた。しかし国民政府も，1939年に日本に（14　）の廃棄を通告したアメリカなどの援助を受けて抗戦を続けた。

2 ── 戦時統制と生活

❶ 日中戦争勃発後，近衛内閣は「挙国一致・尽忠報国・堅忍持久」をスローガンに（15　）を展開して，日本精神の高揚をはかった。

❷ 1930年代後半，準戦時体制の長期化にともない，自由主義的思想の弾圧事件があいついでおこった。東京帝国大学教授の大内兵衛らが検挙された（16　）や，同大教授で『ファシズム批判』が発禁処分となった（17　）の休職がその例である。

❸ 1937年，戦争遂行のための物資動員計画を作成する機関として（18　）が設置され，統制経済の確立が進められた。そのうえ，翌年には（19　）が制定されて，政府は議会の承認なしに経済や生活統制ができる権限を得た。

❹ 1939年，国家総動員法にもとづく勅令として，国民を強制的に軍需工場に就労させることができる（20　），値上げを禁止し公定価格制を実施した（21　）が出された。

❺ 1938年より新体制運動のもと，労働組合・労働団体が解散して各職場に（22　）が結成され，1940年にはその全国連合体として（23　）がうまれた。

❻ 1940年にはぜいたく品の製造・販売を禁止する（24　）が出され，同年に砂糖・マッチに，翌年には衣料に対して（25　）が敷かれ，日用品の統制が強まった。

❼ 1940年から農村で供出制が実施された米は，翌年（26　）となり食料供給体制の統制が

進められた。

❽ ナショナリズムの高まった戦時下の文芸では雑誌『(27   )』で亀井勝一郎らが反近代・民族主義をとなえたほか，社会主義の弾圧で(28   )文学からの転向があいついだ。

3 ── 第二次世界大戦

❶ 日本は，1938年の(29   )ではソ満国境でソ連軍と戦い，翌年ノモンハン事件でもソ連と戦闘中，ドイツが突如(30   )を締結したため衝撃を受け，平沼騏一郎内閣は国際情勢の激変に対応できないとして総辞職した。

❷ 1939年，第二次世界大戦が開始されると，翌年日本ではナチ党のような国民組織を結成しようとする(31   )を提唱した第２次(32   )内閣が軍部の支持で成立した。

❸ 1940年，米英が蔣介石政権に物資を運ぶ(33   )の遮断などを目的として，北部の仏印進駐が開始された。また，これとほぼ同時に(34   )が締結され，3国のヨーロッパ・アジアでの指導的地位と第三国からの攻撃に対する相互援助を協定した。

❹ 大政翼賛会には最末端の協力組織である(35   )をはじめ，村には部落会，都市部には町内会といった下部組織が結成された。

❺ 教育面では，1941年小学校が(36   )に改められ，朝鮮・台湾においては「皇民化」政策が推進され，朝鮮では日本風の名前に改める(37   )が強制された。

❻ 1941年，(38   )駐米大使とハル国務長官のあいだで日米交渉が始められた。これに対し同年ソ連と(39   )を結んだ松岡外相は消極的だったが，近衛首相と軍部は推進した。

❼ 近衛内閣が1941年，(40   )を実行すると，アメリカは石油の対日輸出を禁止した。

❽ 「(41   )」と呼ばれる米・英・中・蘭４カ国による経済封鎖が強まる中，御前会議で対米開戦に向けての(42   )が決定された。

❾ 1941年，(43   )陸相が内閣を組織したのち，アメリカが満州事変以前の状態への復帰を要求する(44   )を出したため，日米交渉は絶望的となった。

❿ 1942年の第21回総選挙は(45   )と呼ばれて，政府の援助を受けた候補者が多数当選し，その当選議員が中心となり，唯一の政治結社である(46   )が結成された。

⓫ 太平洋戦争は，1942年の(47   )の大敗北を転機として，戦局が不利に転じた。これに対し，東条内閣は翌年大東亜会議を開き，戦争の目標として(48   )の建設を主張したが，1944年に(49   )が陥落したこともあり，内閣は倒れた。

⓬ 1943年，労働力不足に対し，学生・生徒を勤労動員し，未婚の女性を(50   )として編成して軍需工場などに動員した。また同年学徒出陣も実施されたうえ，翌年には本土爆撃が激化したため，国民学校生の(51   )が始められた。

⓭ 1945年の沖縄戦では，男子生徒による鉄血勤皇隊や女子生徒による(52   )などが編成された。しかし，多くの死者を出し，日本の敗北は必至の状態となった。

⓮ 1943年の(53   )・チャーチル・蔣介石のカイロ宣言を受け，1945年のヤルタ会談は蔣介石にかわりスターリンが加わり，ソ連の対日参戦が密約された。

⓯ 1945年，原子爆弾の投下，ソ連の対日参戦を受け，(54   )内閣は昭和天皇の裁断により，日本軍の無条件降伏を勧告する(55   )を受諾した。

29 占領下の日本と経済復興

1 — 占領政策

1 占領期の内閣と主要政策

戦後処理	〔東久邇宮稔彦内閣〕 降伏文書調印，陸海軍解体 一億総懺悔・国体護持→占領政策と対立
占領軍主導による日本民主化	〔幣原喜重郎内閣〕 **五大改革指令**，神道指令（国家と神道の分離），公職追放，**東京裁判**（戦犯容疑者逮捕），プレスコード，天皇の人間宣言，**第一次農地改革**
	〔吉田茂内閣①〕 **日本国憲法**公布，**第二次農地改革**，**教育基本法**，**労働基準法**
	〔片山哲内閣〕　炭鉱の国家管理
	〔芦田均内閣〕　政令201号（公務員スト禁止）
転換	〔吉田内閣②〕　占領政策の転換…米ソ冷戦の中，西側陣営に組み込み，自立させる政策 **経済安定九原則**⇒ドッジ＝ライン，シャウプ勧告

2 占領政策の機構

極東委員会（ワシントン）
　　　　　基本方針⇩
対日理事会（東京）　　　米国政府
　⇧諮問　⇩
連合国軍最高司令官総司令部（GHQ）
　（最高司令官　**マッカーサー**）
　　　⇩指令・勧告
　日本政府
　　　⇩実施
　日本国民

3 初期の占領政策

憲法・法律	土地	労働	教育
①**日本国憲法**（主権在民・戦争放棄・基本的人権の尊重） ②**新民法**（戸主制廃止） ③警察法（自治体警察） ④**地方自治法** ⑤国家公務員法（政令201号で改正）	①**第一次農地改革** **第二次農地改革**（自作農創設特別措置法・農地委員会） ②農業協同組合設立，農業基本法（1961）による構造改革	①**労働三法**（**労働組合法・労働関係調整法・労働基準法**） ②労働省の設置 ③労働組合　産別会議・総同盟 ④国鉄関連事件（下山・三鷹・松川事件）	①アメリカ教育使節団 ②**教育基本法**（男女共学，義務教育6年→9年） ③**学校教育法**（六・三・三・四の新学制） ④教育委員会の設置

2 — 戦後の経済

①**財閥解体**　15財閥の資産凍結・解体命令（1945）　持株会社整理委員会（1946） 　**独占禁止法**…カルテル・トラスト禁止・**過度経済力集中排除法**…独占企業の分割（1947）
②インフレの進行　**復員・引揚げ**→失業者の増大　**買出し・闇市**　**金融緊急措置令**（1946　預金封鎖）　**傾斜生産方式**（石炭・鉄鋼）　復興金融金庫（1947）　二・一ゼネスト計画中止（1947）

③経済方針の転換　**経済安定九原則**(1948)　**ドッジ=ライン**(均衡予算・**単一為替レート**の設定：１ドル＝360円)　**シャウプ勧告**(1949)…税制改革，直接税中心

④経済の復興　朝鮮戦争による米軍の**特需**⇒**特需景気**(1950～53)
　国際通貨基金(IMF)・**世界銀行**への加盟(1952)　日本労働組合総評議会(総評)結成(1950)
　神武景気(1955～57)→「もはや戦後ではない」(1956『経済白書』)　岩戸景気(1958～61)

⑤高度成長・技術革新の時代

1960	**貿易の自由化**　**所得倍増**(池田勇人内閣)	企業集団の形成・日本的経営(終身雇用・年功序列・労資協調)	
1961	**農業基本法**(補助金の支給)		
1962	LT貿易(日中準政府間貿易)	**エネルギー革命**…石炭から石油へ	
	オリンピック景気(1962～64)	→安価な原油の安定供給⇔石炭産業の斜陽化	
1964	**IMF８条国**に移行　**経済協力開発機構**(**OECD**)加入→**為替と資本の自由化**	**大衆消費社会**…個人所得の増大 ⇒三種の神器(白黒テレビ・電気洗濯機・電気冷蔵庫)	
1966	いざなぎ景気(1966～70)	⇒３Ｃ(カラーテレビ・クーラー・自動車)	
1968	**国民総生産**(**GNP**)第２位		
1970	減反政策	**流通革命**…スーパーマーケットの成長	

⑥安定成長への転換　**ニクソン=ショック**→円切上げ(1971)→**変動為替相場制**へ(1973)
　石油危機　第１次(1973)→インフレ進行(**狂乱物価**)⇒戦後初のマイナス成長(1974)
　　　　　　　第２次(1979)→**減量経営**・ME技術・省エネ産業で安定成長

⑦バブル経済　貿易摩擦→**円高**の進行　政府開発援助(ODA)世界最大規模へ
　５カ国蔵相会議(Ｇ５，1985)…**プラザ合意**→円高の加速→生産の空洞化
　NIES（新興工業経済地域)の台頭　**バブル景気**(1987～91)→地価や株価の暴騰
　消費税創設３％(1989)　　日米経済構造協議⇒**牛肉・オレンジ・米などの輸入自由化**
　労組の再編…日本労働組合総連合会(連合，1989)

⑧平成不況…バブル経済の崩壊(1991)→**複合不況**　財政構造改革法(1996)→消費税５％
　大手金融機関の経営破綻→**リストラ**による失業者の発生

⑨構造改革(2001　小泉内閣)…小さな政府をめざす，新自由主義的な政策
　民営化・規制緩和→福祉政策後退，所得格差・地域格差の拡大

3 ── 現代の社会

文化	文化勲章復活(1946)　日本学術会議設立(1949)　文化財保護法(1950)　文化庁設置(1968)
社会問題	大都市への人口集中→地域間格差・農村での**過疎化・核家族**・都市交通戦争 少子高齢社会の進行→経済成長の阻害・社会保障制度の混乱(2000年代) 部落差別…全国水平社→部落解放全国委員会(1946)→部落解放同盟(1955) 　　　　同和対策事業特別措置法(1969)
交通	**東海道新幹線**(1964)→山陽・東北・上越・北陸・山形・秋田・九州 名神高速道路(1965)→東名・中国・東北・関越，青函トンネル・瀬戸大橋(1988) 新東京国際空港(1978)，関西国際空港(1994)
通信	民間ラジオ放送開始(1951)　**テレビ放送**開始(1953) 白黒テレビ(高度成長期前半)⇒カラーテレビ(1960年代末)⇔映画産業は衰退 携帯電話台数が加入電話を超える(1999)，インターネット普及
その他	**オリンピック東京大会**(1964)　**日本万国博覧会**(1970，大阪) 黒澤明(映画)　美空ひばり(歌謡曲)　手塚治虫(漫画)

29 スピード・チェック
占領下の日本と経済復興

1 —— 占領政策

❶ 1945年10月，(1　　)を最高司令官とする連合国軍最高司令官総司令部(GHQ)が東京におかれ，最高司令官による間接統治がおこなわれた。その際，連合国の最高機関である(2　　)がワシントンに，最高司令官の諮問機関である(3　　)が東京におかれた。

❷ GHQから治安維持法や特高を廃して，政治犯の即時釈放を内容とする(4　　)を受けた東久邇宮稔彦内閣が総辞職した。

❸ GHQは(5　　)内閣に対し，総司令部は婦人の解放・労働組合の結成・教育の自由主義化・圧政的諸制度の撤廃・経済の民主化を求める(6　　)を発した。

❹ ポツダム宣言により戦犯容疑者の逮捕が進められ，1948年極東国際軍事裁判所における(7　　)では，東条英機以下7名の死刑をはじめとして全員有罪の判決がくだされた。

❺ 1945年，総司令部の指示を受け，翌年から寄生地主制と高率小作料から農民を解放し，自作農を創設する(8　　)が始められた。結果，耕作農民の地位は向上したが，1961年の(9　　)によって農業の構造改革がはかられたため，専業農家は減少した。

❻ 労働政策も推進され，1945年には(10　　)が制定された。これにより労働者の団結権・団体交渉権・ストライキ権が保障され，労働組合が続々と結成された。翌年には(11　　)，その翌年には労働基準法が制定され，労働者保護の労働三法が成立した。

❼ 労働組合の全国組織として，右派では(12　　)(総同盟)などが結成されたが，1949年に国鉄関連の(13　　)・三鷹事件・松川事件がおこり，労働運動は大打撃を受けた。

❽ アメリカ教育使節団の勧告により，1947年，教育の機会均等・義務教育9年制を規定した(14　　)が制定され，同時に(15　　)によって六・三・三・四制が発足した。

❾ 1947年5月3日，第9条で(16　　)を掲げる日本国憲法が施行された。この憲法の精神にもとづき，都道府県知事の公選を規定する(17　　)も公布された。

2 —— 戦後の経済

❶ 1945年，総司令部は財閥解体を命じ，翌年には(18　　)を発足させ，財閥の持株を譲り受けて公売した。

❷ 1947年，(19　　)によってトラスト・カルテルが禁止され，(20　　)による巨大独占企業の分割もおこなわれた。

❸ 敗戦後，極度の物不足によりインフレーションが進行した。1946年，預金封鎖をおこなう(21　　)を発令して通貨量の縮減をはかったが効果はなかった。

❹ 1946年，第1次吉田内閣は資金や資材を石炭・鉄鉱部門に集中させる(22　　)を採用し，復興金融金庫から融資された。

❺ インフレが進行する中，1947年，戦後最大の労働闘争である(23　　)が全官公庁中心に計画されたが，日本経済の再建を阻害するものとして総司令部の命令で中止された。

❻ 冷戦の激化にともない，アメリカは日本経済の自立を求めるようになった。そのため，

1948年に吉田茂内閣に対し，予算の均衡など9項目からなる(24   )を指示した。
❼ アメリカは(25   )を派遣して赤字を許さない予算案を作成させ，コロンビア大学教授(26   )を派遣して税制改革を断行させた。これにより，1949年に1ドル＝360円の(27   )が設定され，円は国際社会に復帰した。
❽ 朝鮮戦争勃発にともなうアメリカ軍の武器・弾薬の製造や自動車修理，対米輸出の拡大により，日本経済は復活し(28   )景気と呼ばれた。
❾ 1955〜57年，(29   )と呼ばれる大型景気を迎え，日本経済は高度成長の時代となり，1958〜61年の岩戸景気，1966〜70年のいざなぎ景気をうむこととなった。
❿ エネルギー源が石炭から石油へと転換した(30   )は，高度経済成長を支えた一方で，炭鉱の閉鎖があいつぎ，激しい労働争議が発生した。
⓫ 1960年，日本は(31   )の自由化など開放経済体制への動きを進めた。1964年，IMF 8条国に移行し，(32   )（OECD）にも加入したことにより，為替と(33   )の自由化が義務づけられた。
⓬ 1960年，(34   )内閣は「(35   )」をスローガンとする高度経済成長政策を打ち立てた結果，日本は高度成長を続け，1968年には(36   )がアメリカについで世界第2位となる経済大国に成長した。
⓭ 高度経済成長にともない消費革命が進行した。なかでも家庭電化製品が急速に普及し，白黒テレビ・(37   )・電気冷蔵庫は三種の神器と呼ばれてもてはやされた。
⓮ 高度経済成長期には，生活様式に著しい変化が生じ，(38   )社会が形成された。また人口が都市部に集中する一方で，農村では(39   )が進行した。
⓯ 1970年代に入ると，ドル＝ショックを機に，円切上げがなされ，1973年から円は(40   )へと移行した。同年におこった第1次石油危機はインフレを発生させ，(41   )物価をまねいた。
⓰ 1985年，ニューヨークのプラザホテルで開かれた5カ国蔵相会議（G5）において，ドル高是正のための(42   )がなされ，円高が急速に進行した。日本国内では，1986〜91年にかけて，地価と株価が異常に高騰する(43   )となった。
⓱ 1989年，(44   )内閣は(45   )を創設し，シャウプ税制以来の大改革を断行した。
⓲ 2001年に成立した(46   )内閣は，構造改革を掲げ郵政事業の民営化や大幅な(47   )をおこなった。

❸ ── 現代の社会

❶ 敗戦後は人文科学・社会科学の研究がめざましかったほか，自然科学の分野では，理論物理学者(48   )が1949年に日本人として初めてノーベル賞を受けた。同年，学界の代表機関である(49   )が設置された。
❷ 1964年，標準軌（広軌）を用いた(50   )が東京・新大阪間に開通し，1978年には新東京国際空港が開港するなど，国土開発も本格化した。
❸ 1964年，アジアで最初となる(51   )が東京で開かれたうえ，1970年には大阪で(52   )も開かれるなど，日本の国際的文化交流もさかんになった。

30　戦後政治と世界の動き

1 ── 民主化政策と政党政治　　○…政党の動き　　◆…外交の動き

内閣総理大臣	年		国内政治・政党の動き
幣原喜重郎	1945		○日本共産党・日本社会党・日本自由党・日本進歩党の結成，衆議院議員選挙法改正（**女性参政権**，20才以上男女）
吉田茂①	1946		**日本国憲法**公布，初の選挙
片山哲	1947	中道連立	○日本社会党（第一党）・民主党・国民協同党の中道連立 ○民主自由党（民自）の結成
芦田均（民主党）	1948		昭和電工事件
吉田茂②～③	1949	民自	単一為替レート（1ドル＝360円） ドッジ＝ライン，シャウプ勧告

2 ── サンフランシスコ体制

〈世界では〉
① **冷戦**…アメリカ中心の西側（NATO）とソ連中心の東側（**ワルシャワ条約機構**）の対立
　→原水爆による軍拡競争
　(a)中華人民共和国(1949)の成立→東側陣営に
　(b)朝鮮民主主義人民共和国（東側）・大韓民国（西側）→**朝鮮戦争**(1950)勃発
② **サンフランシスコ講和会議**(1951)
　　アメリカによる日本の西側編入→日本は西側諸国と単独講和⇨占領の終結・独立
③ 第三勢力の台頭…アジア＝アフリカ会議(1955)…中国・インド中心，平和十原則
④ アメリカの**北爆**開始→ベトナム戦争(1965)…反戦運動，革新勢力の支持拡大

吉田茂③～⑤	1950		**警察予備隊**，レッドパージ
	1951		◆**サンフランシスコ平和条約**　◆**日米安全保障条約**
	1952		◆**日米行政協定**（基地の提供），破壊活動防止法（破防法），**保安隊**
	1953		奄美諸島返還
	1954		**MSA協定**，防衛庁・**自衛隊**発足，米軍基地反対闘争，新警察法
鳩山一郎①～③	1955		○社会党再統一 ○**自由民主党**（保守合同＝日本民主党＋自由党，自民）⇨55年体制
	1956		◆**日ソ共同宣言**（北方領土問題）→日本，国際連合に加盟
岸信介①～②	1960	自民	◆**日米相互協力及び安全保障条約**（新安保条約）→60年安保闘争
池田勇人			「寛容と忍耐」**「所得倍増」**　LT貿易（対中国貿易）
佐藤栄作①～③	1965		◆**日韓基本条約**→国交樹立
	1967		公害対策基本法，**非核三原則**，**革新自治体**（東京）の登場
	1968		小笠原返還→祖国復帰運動（沖縄）
	1971		**沖縄返還協定**→**返還**(1972)

3 ── 経済の高度成長

〈世界では〉
① ブレトン＝ウッズ(IMF)体制(1945〜) ⇨ スミソニアン体制(1971〜) ⇨ **変動為替相場制**(1973〜)
　経緯 ｛アメリカの**ベトナム戦争**→軍事支出の膨脹
　　　　日本や西ドイツの対米輸出増大→国際収支の悪化｝ ドル危機
　　　　　　　　　　　　　　　　　　　　　　　　　　↓
　　　　　　　　　　　　　　　　　　　　　金ドル交換停止＝**ニクソン＝ショック**
② アメリカ・中国の接近…米中国交正常化(1979)→ベトナム和平協定(1973)
③ 世界経済の停滞…第4次中東戦争(1973)→OAPECの石油輸出制限→**第1次石油危機**
　　　　　⇨世界経済に打撃→**先進国首脳会議**(**サミット**)の開催

田中角栄①〜②	1972	自民	◆**日中共同声明**⇨**国交正常化**
	1973		円の変動為替相場制移行，第1次石油危機(狂乱物価)
	1974		田中首相，金脈問題
三木武夫	1975		沖縄国際海洋博覧会
	1976		ロッキード事件⇨自民党大敗
福田赳夫	1978		◆**日中平和友好条約**
鈴木善幸	1980		革新系低調⇨保守政権の復調

4 ── 冷戦の終結と日本社会の動揺

〈世界では〉
① アメリカ…双子の赤字(国家財政・国際収支)→新自由主義(規制緩和・公共支出の抑制)
② ソ連…経済危機→**ペレストロイカ**(計画経済→市場原理導入)・政治・社会の自由化
　　⇨「冷戦の終結」宣言(1989)⇨**東欧革命**・**ドイツ統一**(1990)⇨**ソ連崩壊**(1991)
③ アメリカの影響力増大…湾岸戦争(1991)→多国籍軍の派遣，**国連平和維持活動**(PKO)
　　アメリカ同時多発テロ(2001)→アフガニスタン攻撃・イラク攻撃(自衛隊派遣)

中曽根康弘	1985	自民	電電(→NTT)・専売公社(→JT)・国鉄の民営化(→JR)
竹下　登	1988		リクルート事件
	1989		昭和天皇死去　平成の始まり 消費税導入(3％)
宮沢　喜一	1992	非民	**PKO協力法**，佐川急便事件
細川　護熙	1993		ゼネコン汚職事件→ 55年体制の崩壊 →○非自民連立政権
村山　富市	1994	自社	○自社連立政権
	1995		**阪神・淡路大震災**，地下鉄サリン事件
橋本龍太郎	1997		新ガイドライン，消費税増税(5％)
			○民主党結成
小渕　恵三	1999	自公	**新ガイドライン関連法**，国旗・国歌法
小泉純一郎	2001		構造改革，中央省庁再編，テロ対策特別措置法
			◆日朝国交正常化交渉，有事関連三法，郵政民営化
安倍晋三①	2006		教育基本法改正
鳩山由紀夫	2009	民主	○民主党政権
菅　直人	2011		東日本大震災，福島第一原子力発電所事故
野田佳彦	2012		消費税法改正(2014年8％・15年10％実施予定→15年10％は延期)
安倍晋三②		自公	○自民党政権
			公職選挙法改正(18才以上男女)

30 スピード・チェック
戦後政治と世界の動き

1 ── 民主化政策と政党政治

① 1945年，日本共産党や日本社会党などの各政党が復活・誕生した。同年末には衆議院議員選挙法が改正され，(1)が認められた。

② 1946年の総選挙で第一党となった旧立憲政友会系の(2)は，旧立憲民政党系の日本進歩党の協力を得て，吉田茂内閣を成立させた。

③ 1947年，新憲法下で総選挙がおこなわれ，労働運動の高揚を背景として日本社会党が第一党となり，民主党・国民協同党との連立による(3)内閣が成立した。

④ 1945年，国際平和確立のため，51カ国の参加による(4)が成立した。しかし，自由主義陣営のアメリカと共産主義陣営のソ連との対立は深まっていった。

⑤ アメリカはソ連の封じ込めをはかるため，1947年にはヨーロッパ経済復興援助計画である(5)を国務長官が発表した。

2 ── サンフランシスコ体制

① 1949年には共産圏に対抗する集団安全保障機構である(6)（NATO）を結成した。

② アジアでは，諸民族の独立があいついだ。中国では，1949年に内戦に勝利した共産党が(7)を主席として中華人民共和国を成立させた。

③ 朝鮮半島では，1948年南部に大韓民国（韓国），北部に(8)（北朝鮮）が分立した。

④ 1950年，北緯(9)線の侵犯を契機に朝鮮戦争が始まった。翌年に休戦会談が開かれ，1953年には(10)における会談で朝鮮休戦協定が調印された。

⑤ 1951年，サンフランシスコ講和会議が開かれ，日本と連合国の講和条約である(11)が調印された。同時に，日米間で日本防衛のための(12)が調印され，この条約にもとづいて翌年には(13)が結ばれ，日本は駐留軍に基地を提供することになった。

⑥ 1954年，吉田茂内閣のあとを受けて，日本民主党総裁の(14)内閣が組織された。翌年，日本民主党と自由党による保守合同がおこなわれて(15)が結成され，議員の3分の2弱を占める(15)と3分の1を占める(16)による55年体制が確立された。

⑦ 日ソ交渉は北方領土問題で難航したが，1956年に日ソの戦争終結宣言である(17)が調印された。そのため，日本の(18)が実現した。

⑧ (19)内閣は安保条約改定をはかり，1960年に軍事行動に関する事前協議制を規定した(20)を調印した。これに対し，安保改定阻止を叫ぶ安保闘争がおこった。

⑨ 岸内閣にかわった池田勇人内閣は，「(21)」をとなえ，革新勢力との対立は避けた。また，「所得倍増」をスローガンとする高度経済成長政策がとられた。

⑩ (22)内閣は，1965年大韓民国とのあいだに(23)を成立させて国交の正常化をはかり，両国の外交関係の樹立などが定められた。

⑪ 1968年，(24)がアメリカから返還されたことにより，(25)が活発となった沖縄でも1971年に(26)が調印され，翌年日本復帰が実現した。

3 ── 経済の高度成長

1. ベトナム戦争にともなう軍事支出の増大や，貿易赤字によってアメリカの国際収支が悪化すると，アメリカの金準備が不足して信頼が揺らいだことから(27)が発生した。
2. 1971年末，ワシントンの(28)で10カ国蔵相会議が開かれて固定相場制の復活がはかられたが，1973年にはドル不安が再燃して，日本や西欧諸国は(29)に移行した。
3. 1972年，(30)首相はニクソン米大統領に続いて訪中し，(31)によって日中国交正常化を発表した。
4. 1973年，第4次(32)が勃発したことを契機に，OAPECが石油輸出の制限と原油価格の引上げを実施したため，第1次(33)がおき，世界経済は大打撃を受けた。
5. 石油危機を契機に，1975年，フランス大統領の提唱で西側諸国の(34)(サミット)が開かれ，市場経済体制の結束がはかられるようになった。
6. 1974年，日本は戦後初の(35)となり高度経済成長の時代は終焉を迎えた。

4 ── 冷戦の終結と日本社会の動揺

1. 深刻な経済危機下にあったソ連では，1985年に(36)が登場し，市場原理の導入などの(37)を推進して，国内体制の変革が進められた。
2. 1990年，イラクのクウェート侵攻に対し，翌年アメリカ軍を中心とする多国籍軍によって(38)が開戦した。
3. 1990年，東西に分裂していた(39)が統一され，1991年末にはソ連邦は解体・消滅し，冷戦の時代は幕を閉じた。
4. 宮沢喜一内閣は，国連平和維持活動への対応が強まる中，1992年に(40)を成立させ，自衛隊をカンボジアに派遣した。しかし，自由民主党分裂後の総選挙で敗れ，退陣した。非自民8党派による(41)連立内閣が成立して，55年体制に終わりを告げた。
5. 1994年，細川内閣のもとで，衆議院議員選挙に(42)を導入する選挙制度改革がおこなわれた。
6. 1996年，自社連立内閣を引き継いだ(43)自民党総裁は，日米防衛協力指針を見直し(新ガイドライン)，冷戦後の日米安保体制を確認した。
7. (44)内閣は自由党・公明党と連携し，日米防衛協力に関する(45)を成立させるとともに(46)を成立させて「日の丸」と「君が代」を法的に位置づけた。
8. 2001年，小泉純一郎内閣は財政赤字の解消と景気浮揚のため，(47)の民営化や規制緩和を進めたが，福祉政策の後退や地方経済の疲弊をまねき，所得格差や地域格差が広がった。
9. 2009年の衆議院議員選挙では，自民党にかわり(48)が圧勝したものの，政権は安定せず，(49)内閣の際におこなわれた2010年の参議院議員選挙では大敗した。
10. 1989年から実施された消費税は，橋本内閣によって(50)に引き上げられた。2012年には(51)内閣のもとで10%まで引き上げられることが決定した。

TOPICS　戦後の諸問題

1── 戦後の諸問題

原子力・核	①ビキニ水爆実験(第五福竜丸) ⇨ **原水爆禁止運動**　第一回原水爆禁止世界大会(広島) ②**原子力基本法** ⇨ 高速増殖炉「もんじゅ」事故(1995)・東海村で臨界事故(1999)・福島第一原子力発電所事故(2011) ③**非核三原則**(つくらず・もたず・もち込ませず)の提唱(1967) ④部分的核実験停止条約, 核兵器拡散防止条約, INF全廃条約, START
環境	①**公害対策基本法**(1967), **環境庁**発足(1971)→**環境省**(2001) ②**四大公害訴訟**…イタイイタイ病・水俣病・新潟水俣病・四日市ぜんそく ③**京都議定書**(1997)…温暖化ガス削減目標
安全保障・国際貢献	①自衛隊の発足　**警察予備隊**(1950)→保安隊・警備隊(1952)→**防衛庁・自衛隊**(1954) 　　　　　　　　　　　　　　　　　　　　　　　　　　　→防衛省(2007) ②アメリカとの防衛体制　(a)**日米安全保障条約**(1951)…米軍の駐留, 出動・アメリカの日本防衛義務なし 　　　　　　　　　　(b)**日米相互協力及び安全保障条約**(1960) 　　　　　　　　　　　　…アメリカの日本防衛義務・事前協議制・日本の自衛力増強義務化 　　　　　　　　　　(c)**新ガイドライン関連法**(1999)…「周辺事態」の際の対米軍支援が可能に ③海外派遣　(a)**PKO協力法**(1992)→自衛隊カンボジア派遣(1992) 　　　　　(b)テロ対策特別措置法(2001)→アフガニスタン派遣(2001), イラク派遣(2004)

2── 日本の世界文化遺産

古代	宗像大社・沖ノ島(福岡)	原始以来の自然崇拝(→本編1に関連)
	百舌鳥・古市古墳群(大阪)	大仙陵古墳・誉田御廟山古墳など(→1)
	法隆寺地域の仏教建造物	**法隆寺**・法起寺など世界最古の木造建築(→5)
	奈良の文化財	**東大寺・興福寺・唐招提寺・平城宮跡**など(→4・5)
	京都の文化財	清水寺・**延暦寺**・二条城など(→8・15)
	熊野古道(紀伊半島)	熊野詣・神道と仏教の融合(→8)
	厳島神社(広島)	**平清盛**らの崇敬・平家の氏寺・**平家納経**(→7)
	平泉(岩手)	**中尊寺金色堂**・毛越寺・奥州藤原氏の繁栄(→9)
中世	琉球王国のグスク(沖縄)	首里城跡(琉球・尚氏王朝居城)・玉陵・中城城跡(→11)
近世	石見銀山(島根)	戦国大名支配・**南蛮貿易・江戸幕府**の直轄(→14・16)
	白川郷・五箇山(岐阜・富山)	合掌造の集落・豪雪地帯特有の景観
	姫路城(兵庫)	近世初期の城郭・天守などが現存
	日光の社寺(栃木)	**日光東照宮**(霊廟建築・権現造)(→16・17)
	富士山(山梨・静岡)	浅間神社・葛飾北斎(富嶽三十六景)(→19)
	潜伏キリシタン(長崎)	島原の乱(原城), 大浦天主堂など(→16)
近現代	広島産業奨励館(原爆ドーム)	人類初の**原子爆弾**被害(→28)
	富岡製糸場(群馬)	官営工場・日本の近代化を支えた絹産業(→21)
	明治日本の産業革命遺産(九州・山口等)	重工業分野と西洋技術(→24)

30日完成
スピードマスター日本史問題集

2014年 1月31日　第1版1刷発行
2019年11月30日　第1版7刷発行

編　者	東京都歴史教育研究会
発行者	野澤　伸平
印刷所	明和印刷株式会社
製本所	有限会社　穴口製本所
発行所	株式会社　山川出版社

〒101-0047　東京都千代田区内神田1-13-13
　　　　電話　03-3293-8131（営業）　03-3293-8135（編集）
　　　　https://www.yamakawa.co.jp/
　　　　振替口座　00120-9-43993

装　幀　水戸部功＋菊地信義

Ⓒ 2014 Printed in Japan　ISBN978-4-634-01042-0

●造本には十分注意しておりますが，万一，落丁・乱丁などがございましたら，営業部宛にお送りください。送料小社負担にてお取り替えいたします。
●定価はカバーに表示してあります。

スピードマスター
日本史問題集

解　答

山川出版社

1 スピード・チェック
日本文化のあけぼの
1―文化の始まり
1. 更新世　2. 浜北　3. 港川　4. 打製石器　5. 旧石器　6. 磨製石器　7. 岩宿　8. 狩猟　9. 尖頭器　10. 縄文　11. 漁労　12. 貝塚　13. モース　14. 大森貝塚　15. 骨角器　16. 竪穴住居　17. 三内丸山　18. 黒曜石　19. アニミズム　20. 土偶　21. 水稲　22. 板付　23. 弥生土器　24. 青銅器　25. 石包丁　26. 高床倉庫　27. 湿田　28. 乾田　29. 吉野ヶ里　30. 環濠集落　31. 高地性集落　32. 伸展葬　33. 方形周溝墓　34. 銅鐸　35. 続縄文文化　36. 貝塚文化

2―古墳文化
37. 前方後円墳　38. 大和　39. ヤマト政権　40. 埴輪　41. 円筒埴輪　42. 形象埴輪　43. 竪穴式　44. 横穴式　45. 大仙陵古墳(仁徳天皇陵古墳)　46. 大王　47. 土師器　48. 須恵器　49. 群集墳　50. 新沢千塚古墳群　51. 装飾古墳　52. 太占の法　53. 盟神探湯

3―ヤマト政権
54. 氏上　55. 氏姓制度　56. 連　57. 屯倉　58. 田荘　59. 部曲　60. 伴造

2 スピード・チェック
律令国家の形成
1―飛鳥の朝廷
1. 高句麗　2. 磐井　3. 大伴　4. 欽明　5. 蘇我馬子　6. 物部守屋　7. 崇峻　8. 推古　9. 厩戸王(聖徳太子)　10. 603　11. 冠位十二階　12. 憲法十七条　13. 仏教　14. 小野妹子　15. 煬帝　16. 唐

2―大化改新と律令国家の成立
17. 蘇我蝦夷　18. 蘇我入鹿　19. 山背大兄王　20. 645　21. 中大兄　22. 孝徳　23. 内臣　24. 高向玄理　25. 旻　26. 難波　27. 改新の詔　28. 公地公民　29. 班田収授法　30. 大化改新　31. 百済　32. 斉明　33. 663　34. 白村江　35. 高句麗　36. 防人　37. 烽(36・37順不同)　38. 水城　39. 近江大津宮　40. 天智　41. 庚午年籍　42. 大海人皇子　43. 大友皇子　44. 壬申の乱　45. 飛鳥浄御原宮　46. 天武　47. 八色の姓　48. 富本銭　49. 持統　50. 藤原京　51. 和同開珎　52. 元明　53. 平城京　54. 長安　55. 条坊　56. 近江令　57. 飛鳥浄御原令　58. 刑部親王　59. 大宝律令　60. 養老律令

3 スピード・チェック
古代の外交
1―朝貢外交から遣唐使
1. 『漢書』地理志　2. 百　3. 楽浪郡　4. 奴　5. 光武　6. 107　7. 生口(奴隷)　8. 『後漢書』東夷伝　9. 志賀島　10. 漢委奴国王　11. 魏　12. 「魏志」倭人伝　13. 2　14. 邪馬台　15. 卑弥呼　16. 239　17. 帯方　18. 親魏倭王　19. 壱与(台与)　20. 九州　21. 纒向　22. 高句麗　23. 弁韓　24. 百済　25. 新羅　26. 加耶(加羅)諸国　27. 好太王(広開土王)　28. 『宋書』倭国伝　29. 安康　30. 雄略　31. 隋　32. 607　33. 小野妹子　34. 煬帝　35. 高向玄理　36. 南淵請安(35・36順不同)　37. 旻

38. 犬上御田鍬　39. よつのふね
40. 新羅　41. 阿倍仲麻呂　42. 吉備真備　43. 玄昉(42・43順不同)
44. 894　45. 菅原道真　46. 渤海

2―渡来人の活躍と大陸文化の受容
47. 渡来　48. 阿知使主　49. 弓月君
50. 隅田八幡神社　51. 稲荷山
52. 江田船山　53. 史部　54. 五経博士　55. 聖(明)王　56. 上宮聖徳法王帝説　57. 538　58. 552　59. 帝紀
60. 旧辞

4 スピード・チェック
律令制度と平城京の時代

1―律令国家への道
1. 神祇官　2. 太政官　3. 太政大臣
4. 式部省　5. 弾正台　6. 五衛府
7. 摂津職　8. 大宰府　9. 畿内
10. 七道　11. 郡　12. 官位相当
13. 蔭位の制　14. 五刑　15. 八虐
16. 計帳　17. 6　18. 口分田
19. 3分の2　20. 3分の1　21. 租
22. 雑徭　23. 出挙(公出挙)　24. 運脚　25. 軍団　26. 衛士　27. 防人
28. 賤民　29. 五色の賤　30. 駅家

2―平城京の時代
31. 和同開珎　32. 蓄銭叙位令
33. 蝦夷　34. 出羽　35. 多賀城
36. 隼人　37. 藤原不比等　38. 長屋王　39. 光明子　40. 聖武　41. 藤原武智麻呂　42. 藤原房前　43. 橘諸兄　44. 吉備真備　45. 藤原広嗣
46. 恭仁京　47. 鎮護国家　48. 国分寺建立　49. 大仏造立　50. 藤原仲麻呂　51. 橘奈良麻呂　52. 孝謙
53. 恵美押勝　54. 称徳　55. 宇佐八幡　56. 和気清麻呂　57. 三世一身法
58. 墾田永年私財法　59. 浮浪

60. 逃亡

5 スピード・チェック
飛鳥, 白鳳, 天平の文化

1―飛鳥文化
1. 飛鳥文化　2. 飛鳥寺(法興寺)
3. 法隆寺(斑鳩寺)　4. 秦　5. 金堂
6. 四天王寺　7. 五重塔　8. エンタシス　9. 飛鳥寺釈迦如来像　10. 釈迦三尊像　11. 鞍作鳥(止利仏師)
12. 救世観音像　13. 北魏　14. 玉虫厨子　15. 天寿国繡帳　16. 観勒
17. 暦法　18. 曇徵

2―白鳳文化
19. 白鳳文化　20. 大官大寺　21. 薬師寺　22. 薬師三尊像　23. 東院堂聖観音像　24. 興福寺仏頭　25. 薬師寺東塔　26. 裳階　27. 水煙　28. 法隆寺金堂壁画　29. 高松塚古墳
30. 大津皇子　31. 柿本人麻呂
32. 額田王

3―天平文化
33. 天平文化　34. 鎮護国家思想
35. 南都六宗　36. 行基　37. 大仏
38. 悲田院　39. 百万塔　40. 鑑真
41. 唐招提寺　42. 唐招提寺講堂
43. 校倉造　44. 法華堂(三月堂)
45. 乾漆像　46. 塑像　47. 阿修羅像
48. 鑑真像　49. 執金剛神像　50. 吉祥天像　51. 正倉院鳥毛立女屏風
52. 稗田阿礼　53. 太安万侶(安麻呂)
54. 出雲国風土記　55. 舎人親王
56. 懐風藻　57. 石上宅嗣　58. 万葉集

6 スピード・チェック
平安初期の政治と摂関政治

1―平安初期の政治改革
1. 長岡京　2. 藤原種継　3. 阿弖流為　4. 坂上田村麻呂　5. 胆沢城　6. 志波城　7. 健児　8. 勘解由使　9. 令外官　10. 平城太上天皇の変（薬子の変）　11. 蔵人頭　12. 藤原冬嗣　13. 検非違使　14. 三代格式　15. 令義解　16. 令集解　17. 偽籍　18. 公営田　19. 官田　20. 勅旨田

2―摂関政治の特質
21. 承和の変　22. 橘逸勢　23. 藤原良房　24. 応天門の変　25. 源信　26. 藤原基経　27. 阿衡の紛議（事件）　28. 菅原道真　29. 藤原時平　30. 延喜の荘園整理令　31. 意見封事十二箇条　32. 醍醐　33. 村上　34. 延喜・天暦の治　35. 安和の変　36. 源高明　37. 摂関家　38. 摂関政治　39. 外戚　40. 藤原道長　41. 藤原頼通

3―国司の地方支配
42. 成功　43. 重任　44. 目代　45. 遙任　46. 受領　47. 尾張国郡司百姓等解　48. 大名田堵　49. 寄進　50. 荘官　51. 領家　52. 本家　53. 桛田荘　54. 鹿子木荘　55. 本所　56. 不輸　57. 官省符荘　58. 国免荘　59. 検田使　60. 不入

7 スピード・チェック
院政と平氏政権

1―武士団の成長
1. 家子　2. 郎党　3. 兵の家　4. 棟梁　5. 平将門　6. 新皇　7. 平貞盛　8. 藤原純友　9. 刀伊　10. 藤原隆家　11. 平忠常の乱　12. 前九年合戦　13. 源頼義・義家　14. 源義家　15. 藤原清衡　16. 平泉

2―院政の展開
17. 公領（国衙領）　18. 1069（延久元）　19. 延久の荘園整理令　20. 記録荘園券契所（記録所）　21. 大江匡房　22. 宣旨枡　23. 1086　24. 堀河　25. 院庁　26. 北面の武士　27. 治天の君　28. 院近臣　29. 知行国　30. 鳥羽法皇　31. 八条院領　32. 後白河法皇　33. 長講堂領　34. 院庁下文　35. 院宣　36. 法勝寺　37. 六勝寺　38. 僧兵　39. 強訴　40. 南都　41. 春日神社　42. 北嶺　43. 平忠盛　44. 保元の乱　45. 藤原忠通　46. 源為義　47. 1159（平治元）　48. 後白河上皇　49. 藤原通憲（信西）　50. 源義朝

3―平氏政権
51. 太政大臣　52. 徳子　53. 安徳　54. 鹿ヶ谷　55. 知行国　56. 大輪田泊　57. 名主

8 スピード・チェック
弘仁・貞観, 国風文化と院政期の文化

1―弘仁・貞観文化
1. 弘仁・貞観文化　2. 延暦寺　3. 真言宗　4. 東寺（教王護国寺）　5. 円珍　6. 山門派　7. 修験道　8. 室生寺　9. 一木造　10. 翻波式　11. 如意輪観音像　12. 現世利益　13. 曼荼羅　14. 神仏習合　15. 僧形八幡神像　16. 凌雲集　17. 性霊集　18. 橘逸勢　19. 綜芸種智院　20. 弘文院　21. 勧学院

2―国風文化
22. 摂関　23. 平がな　24. 醍醐天皇　25. 古今和歌集　26. 竹取物語　27. 土佐日記　28. 源氏物語　29. 清

少納言　30.蜻蛉日記　31.三跡(蹟)　32.本地垂迹説　33.浄土教　34.空也　35.源信(恵心僧都)　36.日本往生極楽記　37.末法　38.1052(永承7)　39.平等院鳳凰堂　40.定朝　41.寄木造　42.聖衆来迎図　43.寝殿造　44.巨勢金岡　45.女房装束(十二単)

3—院政期の文化

46.今様　47.梁塵秘抄　48.歴史物語　49.今昔物語集　50.将門記　51.陸奥話記　52.猿楽　53.田楽　54.中尊寺金色堂　55.白水阿弥陀堂　56.扇面古写経　57.平家納経　58.源氏物語絵巻　59.伴大納言絵巻　60.信貴山縁起絵巻　61.鳥獣戯画

9 スピード・チェック 鎌倉幕府の成立

1—鎌倉幕府の成立と構造

1.源頼政　2.以仁王　3.福原京　4.源頼朝　5.源義仲　6.平清盛　7.源義経　8.壇の浦　9.寿永二年十月宣旨　10.守護　11.地頭　12.征夷大将軍　13.鎌倉幕府　14.封建制度　15.京都大番役　16.奉公　17.本領安堵　18.新恩給与　19.御恩　20.侍所　21.政所　22.問注所　23.関東知行国　24.関東御領

2—守護と地頭、武士の土地支配

25.大犯三カ条　26.治安維持　27.地頭請　28.下地中分　29.館　30.笠懸　31.流鏑馬　32.武士道

3—執権政治の展開

33.源頼家　34.源実朝　35.北条政子　36.北条時政　37.執権　38.北条義時　39.和田合戦　40.後鳥羽上皇　41.西面の武士　42.北条泰時　43.承久の乱　44.六波羅探題　45.新補率法　46.新補地頭　47.連署　48.評定衆　49.御成敗式目(貞永式目)　50.道理　51.式目追加　52.藤原頼経(九条頼経)　53.宗尊親王　54.引付　55.宝治合戦　56.得宗　57.御内人　58.安達泰盛　59.霜月騒動　60.得宗専制

10 スピード・チェック 南北朝の動乱と室町幕府

1—南北朝の動乱

1.持明院統　2.大覚寺統　3.両統迭立　4.後醍醐天皇　5.正中の変　6.元弘の変　7.隠岐　8.護良親王　9.楠木正成　10.足利高氏(尊氏)　11.新田義貞　12.北条高時　13.建武の新政　14.雑訴決断所　15.中先代の乱　16.建武式目　17.南朝　18.北朝　19.分割相続　20.単独相続　21.観応の擾乱　22.花の御所　23.南北朝の合体　24.大犯三カ条　25.刈田狼藉　26.使節遵行　27.半済令　28.守護請　29.守護大名　30.国人　31.国人一揆　32.土岐康行　33.明徳の乱　34.応永の乱

2—室町幕府の成立と動揺

35.管領　36.三管領　37.四職　38.奉公衆　39.御料所　40.鎌倉府　41.鎌倉公方　42.関東管領　43.土倉役　44.関銭　45.段銭　46.足利持氏　47.永享の乱　48.赤松満祐　49.嘉吉の変　50.応仁の乱　51.足利義政　52.細川勝元　53.山名持豊(宗全)　54.守護代　55.下剋上

11 スピード・チェック
中世の外交
1―鎌倉時代の外交
1. 金　2. 南宋　3. チンギス＝ハン　4. 高麗　5. 三別抄　6. フビライ＝ハン　7. 元　8. 北条時宗　9. てつはう　10. 文永の役　11. 異国警固番役　12. 石築地　13. 東路軍　14. 弘安の役　15. 蒙古襲来絵巻　16. 竹崎季長　17. 鎮西探題　18. 按司　19. アイヌ

2―室町時代の外交
20. 倭寇　21. 李成桂　22. 朝鮮　23. 朱元璋　24. 明　25. 建長寺　26. 足利尊氏　27. 天龍寺　28. 足利義満　29. 日本国王臣源　30. 朝貢　31. 勘合　32. 足利義持　33. 足利義教　34. 細川　35. 大内　36. 寧波の乱　37. 銅銭　38. 唐物　39. 宗　40. 応永の外寇　41. 木綿　42. 三浦　43. 倭館　44. 豊臣秀吉　45. 尚巴志　46. 琉球王国　47. 中継貿易　48. 蝦夷ヶ島　49. 館　50. アイヌ　51. コシャマイン

12 スピード・チェック
中世の社会・経済と庶民の活動
1―鎌倉時代の社会・経済
1. 二毛作　2. 刈敷　3. 草木灰　4. 鉄製農具　5. 三斎市　6. 座　7. 宋銭（銅銭）　8. 銭納（代銭納）　9. 借上　10. 問（問丸）　11. 為替　12. 惣領　13. 庶子　14. 分割相続　15. 蒙古襲来（元寇）　16. 一期分　17. 単独相続　18. 北条貞時　19. 永仁の徳政令　20. 悪党

2―室町時代の社会・経済
21. 商品作物　22. 六斎市　23. 見世棚　24. 連雀商人　25. 大原女　26. 桂女　27. 廻船　28. 問屋　29. 馬借　30. 車借（29・30順不同）　31. 永楽通宝　32. 私鋳銭　33. 撰銭　34. 撰銭令　35. 土倉　36. 関銭　37. 大山崎

3―庶民の活動
38. 惣（惣村）　39. 寄合　40. おとな（長・乙名）　41. 惣掟（村法・村掟）　42. 地下検断（自検断）　43. 入会地　44. 地下請（村請・百姓請）　45. 強訴　46. 逃散　47. 徳政　48. 正長の徳政一揆　49. 播磨の土一揆　50. 嘉吉の徳政一揆　51. 山城国一揆　52. 蓮如　53. 富樫政親　54. 加賀の一向一揆

13 スピード・チェック
鎌倉時代・室町時代の文化
1―鎌倉文化
1. 専修念仏　2. 法然　3. 浄土宗　4. 親鸞　5. 悪人正機　6. 浄土真宗　7. 一遍　8. 時宗　9. 日蓮　10. 栄西　11. 坐禅　12. 臨済宗　13. 只管打坐　14. 道元　15. 曹洞宗　16. 貞慶（解脱）　17. 忍性　18. 重源　19. 有職故実　20. 金沢文庫　21. 伊勢神道　22. 西行　23. 金槐和歌集　24. 藤原定家　25. 新古今和歌集　26. 鴨長明　27. 兼好法師　28. 平家物語　29. 琵琶法師　30. 慈円　31. 大仏様　32. 禅宗様（唐様）　33. 運慶　34. 絵巻物　35. 似絵

2―室町文化
36. 神皇正統記　37. 太平記　38. 夢窓疎石　39. 五山・十刹　40. 観世座　41. 世阿弥　42. 猿楽能　43. 狂言　44. 東求堂同仁斎　45. 書院造　46. 枯山水　47. 雪舟　48. 狩野派　49. 連歌　50. 宗祇　51. 正風連歌

52. 宗鑑　53. 俳諧連歌　54. 一条兼良　55. 唯一神道　56. 佗茶　57. 立花　58. 御伽草子　59. 閑吟集　60. 法華一揆

14 スピード・チェック
戦国大名の登場
1――群雄割拠の時代
1. 戦国大名　2. 領国　3. 三好長慶　4. 松永久秀　5. 古河公方　6. 堀越公方　7. 北条早雲(伊勢宗瑞)　8. 上杉謙信　9. 武田信玄　10. 今川　11. 毛利元就　12. 長宗我部　13. 分国法(家法)　14. 喧嘩両成敗法　15. 塵芥集　16. 長宗我部氏掟書　17. 今川仮名目録　18. 甲州法度之次第　19. 早雲寺殿廿一箇条々　20. 朝倉孝景条々　21. 指出検地　22. 楽市令　23. 寄親・寄子制　24. 貫高制

2――都市の発展と文化の地方普及
25. 城下町　26. 門前町　27. 寺内町　28. 港町　29. 会合衆　30. 年行司　31. 町衆　32. 桂庵玄樹　33. 大学章句　34. 足利学校　35. 上杉憲実　36. 節用集

3――ヨーロッパ人の来航と南蛮貿易
37. 大航海時代　38. ポルトガル　39. スペイン(イスパニア)(38・39順不同)　40. 種子島　41. 国友　42. イエズス会　43. フランシスコ＝ザビエル　44. 南蛮寺　45. キリシタン大名　46. 大友義鎮　47. 有馬晴信　48. 大村純忠(46～48順不同)　49. 天正遣欧使節　50. 平戸　51. 長崎　52. 中国産生糸　53. 銀

15 スピード・チェック
織豊政権と桃山文化
1――信長・秀吉の全国統一
1. 桶狭間の戦い　2. 足利義昭　3. 延暦寺　4. 1573　5. 長篠合戦　6. 安土城　7. 石山戦争　8. 明智光秀　9. 本能寺の変　10. 堺　11. 楽市令　12. 山崎の合戦　13. 賤ヶ岳の戦い　14. 大坂城　15. 小牧・長久手の戦い　16. 関白　17. 惣無事令　18. 小田原攻め　19. 聚楽第　20. 蔵入地　21. 石見大森　22. 五奉行　23. 五大老

2――豊臣政権の内政
24. 太閤　25. 石高制　26. 京枡　27. 石盛(斗代)　28. 検地帳　29. 一地一作人　30. 刀狩令　31. 人掃令　32. 豊臣秀次

3――豊臣政権の外交
33. 長崎　34. バテレン追放令　35. サン＝フェリペ号　36. 26聖人殉教　37. 海賊取締令　38. 文禄の役　39. 慶長の役

4――桃山文化
40. 桃山文化　41. 城郭　42. 濃絵　43. 狩野永徳　44. 長谷川等伯　45. 欄間　46. 千利休　47. 南蛮屏風　48. 天草

16 スピード・チェック
幕藩体制の成立
1――江戸幕府の成立
1. 石田三成　2. 関ヶ原の戦い　3. 征夷大将軍　4. 豊臣秀頼　5. 大坂夏の陣　6. 徳川家光　7. 幕藩体制　8. 旗本　9. 佐渡　10. 大老　11. 老中　12. 大目付　13. 三奉行　14. 評定所　15. 京都所司代　16. 代

官

2―幕府の統制政策
17. 親藩　18. 譜代　19. 外様
20. 一国一城令　21. 武家諸法度
22. 参勤交代　23. 禁中並公家諸法度
24. 紫衣事件　25. 寺院法度　26. 本百姓　27. 結（もやい）　28. 五人組
29. 名主（庄屋・肝煎）　30. 村方三役
31. 本途物成　32. 小物成　33. 田畑永代売買の禁止令　34. 田畑勝手作りの禁　35. 分地制限令　36. 苗字帯刀
37. 士農工商

3―江戸時代初期の外交
38. リーフデ号　39. ヤン＝ヨーステン
40. ウイリアム＝アダムズ　41. 平戸
42. 糸割符仲間　43. 糸割符制度
44. 支倉常長　45. 朱印船　46. 日本町　47. 山田長政　48. 通信使
49. 禁教令　50. 元和の大殉教
51. 益田（天草四郎）時貞　52. 島原の乱
53. 絵踏　54. 寺請制度　55. 長崎
56. 奉書船　57. 出島　58. 唐人屋敷

17　スピード・チェック　幕藩体制の安定

1―文治政治への転換
1. 徳川家綱　2. 牢人　3. 文治政治
4. 慶安の変　5. 末期養子　6. 殉死
7. 領知宛行状　8. 保科正之　9. 池田光政　10. 徳川光圀　11. 前田綱紀

2―元禄・正徳期の政治
12. 徳川綱吉　13. 柳沢吉保　14. 林鳳岡（信篤）　15. 生類憐れみの令
16. 明暦の大火　17. 荻原重秀
18. 新井白石　19. 間部詮房　20. 正徳の政治　21. 閑院宮家　22. 通信使
23. 海舶互市新例

3―経済の発展
24. 箱根　25. 備中鍬　26. 千歯扱
27. 千石簁　28. 商品作物　29. 金肥
30. 農業全書　31. 干鰯　32. 俵物
33. 入浜　34. 別子　35. 家内
36. 高機　37. 五街道　38. 一里塚
39. 関所　40. 問屋場　41. 本陣
42. 樽廻船　43. 河村瑞賢　44. 角倉了以　45. 三貨　46. 本両替
47. 三都　48. 蔵屋敷　49. 札差
50. 蔵元　51. 掛屋　52. 二十四組問屋　53. 堂島

18　スピード・チェック　幕藩体制の動揺と改革

1―社会の動揺と幕政の改革
1. 徳川吉宗　2. 足高の制　3. 上げ米
4. 大岡忠相　5. 町火消　6. 目安箱
7. 小石川養生所　8. 公事方御定書
9. 相対済し令　10. 田沼意次　11. 株仲間　12. 印旛沼　13. 工藤平助
14. 南鐐二朱銀　15. 天明の飢饉
16. 松平定信　17. 寛政の改革
18. 旧里帰農令　19. 囲米　20. 人足寄場　21. 七分積金　22. 棄捐令
23. 寛政異学の禁　24. 昌平坂学問所
25. 林子平　26. 山東京伝　27. 恋川春町　28. 尊号一件　29. 徳川家斉
30. 関東取締出役　31. 大塩平八郎
32. 生田万　33. 水野忠邦　34. 為永春水　35. 人返しの法　36. 株仲間の解散　37. 上知令

2―幕府の衰退と近代化への道
38. 代表越訴型一揆　39. 惣百姓一揆
40. 村方騒動　41. 打ちこわし
42. 二宮尊徳　43. 大原幽学　44. ラクスマン　45. レザノフ　46. ゴローウニン事件　47. 最上徳内　48. 近藤

重蔵　49. 間宮林蔵　50. フェートン号事件　51. 異国船打払令（無二念打払令）　52. モリソン号事件　53. 渡辺崋山　54. 高野長英　55. 蛮社の獄　56. 調所広郷　57. 村田清風　58. 鍋島直正　59. 徳川斉昭　60. 江川太郎左衛門（坦庵）

19 スピード・チェック
寛永, 元禄, 宝暦・天明, 化政文化

1―寛永期～元禄文化
1. 垂加神道　2. 中江藤樹　3. 熊沢蕃山　4. 山鹿素行　5. 伊藤仁斎　6. 荻生徂徠　7. 太宰春台　8. 読史余論　9. 貝原益軒　10. 関孝和　11. 貞享暦　12. 契沖　13. 北村季吟　14. 井原西鶴　15. 浮世草子　16. 松尾芭蕉　17. 蕉風（正風）俳諧　18. 近松門左衛門　19. 竹本義太夫　20. 荒事　21. 和事　22. 土佐光起　23. 尾形光琳　24. 琳派　25. 野々村仁清　26. 宮崎友禅

2―宝暦・天明期の文化
27. 青木昆陽　28. 杉田玄白　29. 解体新書　30. 稲村三伯　31. ハルマ和解　32. 平賀源内　33. 賀茂真淵　34. 本居宣長　35. 水戸学　36. 明和事件　37. 石田梅岩　38. 安藤昌益　39. 考証学派　40. 懐徳堂　41. 寺子屋　42. 洒落本　43. 山東京伝　44. 鈴木春信　45. 喜多川歌麿　46. 円山応挙　47. 亜欧堂田善

3―化政文化
48. 海保青陵　49. 本多利明　50. 平田篤胤　51. 伊能忠敬　52. 蛮書和解御用　53. 緒方洪庵　54. 式亭三馬　55. 為永春水　56. 曲亭馬琴　57. 小林一茶　58. 葛飾北斎　59. 渡辺崋山

60. 庚申講

20 スピード・チェック
開国と幕末の動乱

1―開国とその影響
1. アヘン戦争　2. 南京条約　3. 天保の薪水給与令　4. ビッドル　5. ペリー　6. プチャーチン　7. 阿部正弘　8. 日米和親条約　9. 下田　10. 最恵国待遇　11. 日露和親条約　12. 樺太　13. 安政の改革　14. ハリス　15. 堀田正睦　16. 井伊直弼　17. 日米修好通商条約　18. 安政の五カ国条約　19. 領事裁判権　20. 関税自主権　21. 横浜　22. イギリス　23. 生糸　24. 五品江戸廻送令　25. 万延貨幣改鋳　26. 攘夷運動

2―幕末の政局
27. 徳川慶喜　28. 徳川慶福　29. 徳川家茂　30. 安政の大獄　31. 桜田門外の変　32. 安藤信正　33. 公武合体　34. 島津久光　35. 政事総裁職　36. 将軍後見職　37. 京都守護職　38. 尊王攘夷　39. 三条実美　40. 八月十八日の政変　41. 禁門の変（蛤御門の変）　42. 長州征討　43. 四国艦隊下関砲撃事件　44. 生麦事件　45. 薩英戦争　46. 改税約書　47. パークス　48. ロッシュ　49. 高杉晋作　50. 奇兵隊　51. 大久保利通　52. 薩長連合（薩長同盟）　53. 世直し一揆　54. 御蔭参り　55. ええじゃないか　56. 大政奉還の上表　57. 岩倉具視　58. 王政復古の大号令　59. 小御所会議　60. 蕃書調所

21 スピード・チェック
明治維新と富国強兵
1―新政府の樹立
1. 鳥羽・伏見の戦い 2. 奥羽越列藩同盟 3. 戊辰戦争 4. 五箇条の誓文 5. 五榜の掲示 6. 政体書 7. 一世一元の制 8. 版籍奉還 9. 知藩事 10. 廃藩置県 11. 府知事 12. 県令（11・12順不同） 13. 藩閥政府 14. 鎮台 15. 徴兵告諭 16. 徴兵令 17. 内務省 18. 警視庁 19. 華族 20. 士族 21. 平民 22. 秩禄奉還の法 23. 金禄公債証書 24. 秩禄処分 25. 廃刀令 26. 士族授産

2―明治初期の経済・文化と国際関係
27. 地券 28. 地租改正条例 29. 地租改正反対(の)一揆 30. お雇い外国人 31. 工部省 32. 前島密 33. 岩崎弥太郎 34. 官営模範工場 35. 開拓使 36. 屯田兵 37. 新貨条例 38. 銭 39. 兌換銀行券 40. 渋沢栄一 41. 国立銀行条例 42. 天賦人権 43. 中村正直 44. 文部省 45. 学制 46. 明六社 47. 神仏分離令 48. 廃仏毀釈 49. 大教宣布の詔 50. 岩倉使節団 51. 日清修好条規 52. 台湾出兵 53. 琉球藩 54. 沖縄県 55. 明治六年の政変 56. 江華島事件 57. 日朝修好条規 58. 樺太・千島交換条約 59. 小笠原諸島

22 スピード・チェック
立憲国家の成立
1―自由民権運動
1. 江藤新平 2. 佐賀の乱 3. 西南戦争 4. 板垣退助 5. 民撰議院設立の建白書 6. 立志社 7. 愛国社 8. 大阪会議 9. (漸次)立憲政体樹立の詔 10. 大審院 11. 地方官会議 12. 新聞紙条例 13. 国会期成同盟 14. 集会条例 15. 開拓使官有物払下げ事件 16. 国会開設の勅諭 17. 明治十四年の政変 18. 自由党 19. 立憲改進党 20. 私擬憲法 21. 松方正義 22. 日本銀行 23. 福島事件 24. 秩父事件 25. 三大事件建白運動 26. 保安条例

2―立憲体制と条約改正
27. 華族令 28. 内閣制度 29. 山県有朋 30. 市制・町村制 31. 府県制・郡制 32. 枢密院 33. 欽定憲法 34. 大日本帝国憲法(明治憲法) 35. 天皇大権 36. 衆議院 37. 貴族院 38. 15 39. 皇室典範 40. 民法典論争 41. 超然主義 42. 民党 43. 選挙干渉 44. 憲政党 45. 隈板内閣(第1次大隈重信内閣) 46. 文官任用令 47. 軍部大臣現役武官制 48. 桂太郎 49. 西園寺公望 50. 立憲政友会 51. 元老 52. 井上馨 53. 鹿鳴館 54. ノルマントン号 55. 青木周蔵 56. 大津事件 57. 陸奥宗光 58. 日英通商航海条約 59. 小村寿太郎

23 スピード・チェック
日清・日露戦争
1―日清戦争
1. 閔氏 2. 壬午軍乱(壬午事変) 3. 金玉均 4. 清仏戦争 5. 甲申事変 6. 伊藤博文 7. 李鴻章 8. 天津条約 9. 脱亜論 10. 防穀令 11. 甲午農民戦争(東学の乱) 12. 日清戦争 13. イギリス 14. 陸奥宗光 15. 下関条約 16. 遼東半島 17. 台湾(16・

17順不同) 18．2億 19．沙市 20．三国干渉 21．臥薪嘗胆 22．台湾総督

2―日露戦争
23．膠州湾 24．九龍半島 25．広州湾 26．ジョン＝ヘイ 27．門戸開放 28．大韓帝国(韓国) 29．義和団 30．北清事変 31．北京議定書 32．満韓交換 33．日英同盟協約 34．七博士 35．内村鑑三 36．平民新聞 37．与謝野晶子 38．日露戦争 39．奉天 40．日本海海戦 41．セオドア＝ローズヴェルト 42．小村寿太郎 43．ウィッテ 44．ポーツマス条約 45．樺太 46．沿海州 47．日比谷焼打ち事件 48．桂・タフト協定 49．統監府 50．ハーグ密使事件 51．義兵運動 52．安重根 53．朝鮮総督府 54．土地調査事業 55．東洋拓殖会社 56．関東都督府 57．南満州鉄道株式会社 58．日露協約

24 スピード・チェック
近代産業の発展と労働運動
1―産業革命と資本主義の確立
1．企業勃興 2．産業革命 3．政商 4．財閥 5．日本鉄道会社 6．鉄道国有法 7．ガラ紡 8．大阪紡績会社 9．1897 10．飛び杼 11．豊田佐吉 12．国産力織機 13．器械製糸 14．座繰製糸 15．造船奨励法 16．航海奨励法(15・16順不同) 17．貨幣法 18．金本位制 19．日本勧業銀行 20．日本興業銀行 21．三井物産 22．横浜正金銀行 23．八幡製鉄所 24．大冶鉄山 25．日本製鋼所 26．池貝鉄工所 27．三井合名会社 28．寄生地主

2―資本主義の発達と労働運動
29．日本人 30．横山源之助 31．職工事情 32．高野房太郎 33．労働組合期成会 34．渡良瀬川 35．田中正造 36．山県有朋 37．治安警察法 38．工場法 39．社会民主党 40．平民新聞 41．日本社会党 42．大逆事件 43．吉野作造 44．黎明会 45．友愛会 46．メーデー 47．日本労働総同盟 48．日本農民組合 49．森戸辰男 50．日本共産党 51．平塚らいてう(らいちょう・明) 52．新婦人協会 53．全国水平社 54．治安維持法 55．無産政党 56．特別高等課(特高)

25 スピード・チェック
第一次世界大戦と日本
1―第一次世界大戦
1．美濃部達吉 2．天皇機関説 3．西園寺公望 4．上原勇作 5．尾崎行雄 6．憲政擁護 7．立憲同志会 8．大正政変 9．軍部大臣現役武官制 10．ジーメンス事件 11．日英同盟 12．青島 13．袁世凱 14．二十一カ条の要求 15．漢冶萍公司 16．国恥記念日 17．寺内正毅 18．段祺瑞 19．西原借款 20．石井・ランシング協定 21．レーニン 22．シベリア出兵 23．船成金 24．鞍山製鉄所 25．在華紡 26．猪苗代 27．米騒動 28．原敬 29．政党内閣 30．平民宰相 31．高橋是清 32．加藤友三郎

2―ワシントン体制
33．パリ 34．ヴェルサイユ条約 35．山東 36．南洋諸島 37．ウィルソン 38．国際連盟 39．三・一独立運動 40．五・四運動 41．ワシント

ン会議　42. 四カ国条約　43. 九カ国条約　44. 八・八艦隊　45. 協調外交　46. 幣原喜重郎　47. 虎の門事件　48. 清浦奎吾　49. 第二次護憲運動　50. 革新倶楽部　51. 加藤高明　52. 憲政の常道　53. 満25歳　54. 日ソ基本条約　55. 田中義一　56. 若槻礼次郎　57. 立憲民政党

26 スピード・チェック 近代文化と大衆文化

1—国家主義と教育
1. 国権　2. 政教社　3. 国粋保存　4. 徳富蘇峰　5. 国民之友　6. 陸羯南　7. 高山樗牛　8. 文部省　9. 学制　10. 教育令　11. 森有礼　12. 学校令　13. 教育に関する勅語(教育勅語)　14. 国定教科書　15. 義務教育　16. 慶応義塾　17. 同志社　18. 東京専門学校　19. 北里柴三郎　20. 志賀潔　21. 高峰譲吉　22. 鈴木梅太郎　23. 田中館愛橘　24. 長岡半太郎　25. ヘボン　26. 仮名垣魯文　27. 矢野龍渓　28. 坪内逍遙　29. 二葉亭四迷　30. 硯友社　31. 幸田露伴　32. 文学界　33. 樋口一葉　34. ホトトギス　35. 夏目漱石　36. 団菊左時代　37. 川上音二郎　38. 文芸協会　39. 自由劇場　40. 工部美術　41. 岡倉天心　42. 東京美術　43. 日本美術院　44. 明治美術会　45. 白馬会

2—大衆文化
46. 中央公論　47. 改造　48. 武者小路実篤　49. 白樺　50. 小林多喜二　51. 徳永直　52. プロレタリア文学　53. 円本　54. キング　55. ラジオ　56. 河上肇　57. 本多光太郎　58. 築地小劇場　59. 二科会

27 スピード・チェック 恐慌と軍部の台頭

1—恐慌の時代
1. 原敬　2. 戦後恐慌　3. 震災手形　4. 片岡直温　5. 取付け騒ぎ　6. 鈴木商店　7. 台湾銀行　8. モラトリアム　9. 在華紡　10. 第一　11. 浜口雄幸　12. 重要産業統制法　13. 世界恐慌　14. 昭和恐慌　15. 農山漁村経済更生　16. 管理通貨　17. 高橋是清　18. 日本製鉄会社　19. 日産　20. 新興財閥　21. ニューディール政策　22. ブロック経済圏　23. ソーシャル＝ダンピング

2—軍部の台頭
24. 蔣介石　25. 北伐　26. 若槻礼次郎　27. 田中義一　28. 不戦条約　29. 山東出兵　30. 済南事件　31. 関東軍　32. 張作霖　33. 満州某重大事件　34. ロンドン海軍軍縮条約　35. 統帥権の干犯　36. 満蒙の危機　37. 石原莞爾　38. 柳条湖事件　39. リットン調査団　40. 上海事変　41. 溥儀　42. 日満議定書　43. 松岡洋右　44. 国家改造　45. 大川周明　46. 三月・十月事件　47. 血盟団　48. 団琢磨　49. 犬養毅　50. 滝川幸辰　51. 美濃部達吉　52. 岡田啓介　53. 国体明徴声明　54. 皇道派　55. 北一輝　56. 斎藤実

28 スピード・チェック 第二次世界大戦

1—日中戦争
1. 塘沽停戦協定　2. 華北分離工作　3. 広田弘毅　4. 帝国国防方針　5. 長征　6. 張学良　7. 西安事件　8. 盧溝橋　9. ムッソリーニ　10. ナチ党　11. 枢軸　12. 南京　13. 近衛声明

11

14. 日米通商航海条約

2―戦時統制と生活
15. 国民精神総動員運動　16. 人民戦線事件　17. 河合栄治郎　18. 企画院
19. 国家総動員法　20. 国民徴用令
21. 価格等統制令　22. 産業報国会
23. 大日本産業報国会　24. 七・七禁令
25. 切符制　26. 配給制　27. 日本浪曼派　28. プロレタリア

3―第二次世界大戦
29. 張鼓峰事件　30. 独ソ不可侵条約
31. 新体制運動　32. 近衛文麿
33. 援蔣ルート　34. 日独伊三国同盟
35. 隣組　36. 国民学校　37. 創氏改名　38. 野村吉三郎　39. 日ソ中立条約　40. 南部仏印進駐　41. ABCD包囲陣　42. 帝国国策遂行要領　43. 東条英機　44. ハル＝ノート　45. 翼賛選挙　46. 翼賛政治会　47. ミッドウェー海戦　48. 大東亜共栄圏　49. サイパン島　50. 女子挺身隊　51. 学童疎開　52. ひめゆり隊　53. フランクリン＝ローズヴェルト　54. 鈴木貫太郎　55. ポツダム宣言

29 スピード・チェック
占領下の日本と経済復興

1―占領政策
1. マッカーサー　2. 極東委員会
3. 対日理事会　4. 人権指令　5. 幣原喜重郎　6. 五大改革指令　7. 東京裁判　8. 農地改革　9. 農業基本法
10. 労働組合法　11. 労働関係調整法
12. 日本労働組合総同盟　13. 下山事件
14. 教育基本法　15. 学校教育法
16. 戦争の放棄　17. 地方自治法

2―戦後の経済
18. 持株会社整理委員会　19. 独占禁止法　20. 過度経済力集中排除法
21. 金融緊急措置令　22. 傾斜生産方式
23. 二・一ゼネスト　24. 経済安定九原則　25. ドッジ　26. シャウプ
27. 単一為替レート　28. 特需
29. 神武景気　30. エネルギー革命
31. 貿易　32. 経済協力開発機構
33. 資本　34. 池田勇人　35. 所得倍増　36. 国民総生産（GNP）　37. 電気洗濯機　38. 大衆消費　39. 過疎化
40. 変動為替相場制　41. 狂乱
42. プラザ合意　43. バブル景気
44. 竹下登　45. 消費税　46. 小泉純一郎　47. 規制緩和

3―現代の社会
48. 湯川秀樹　49. 日本学術会議
50. 新幹線　51. オリンピック
52. 万国博覧会

30 スピード・チェック
戦後政治と世界の動き

1―民主化政策と政党政治
1. 女性参政権　2. 日本自由党　3. 片山哲　4. 国際連合　5. マーシャル＝プラン

2―サンフランシスコ体制
6. 北大西洋条約機構　7. 毛沢東
8. 朝鮮民主主義人民共和国　9. 38度
10. 板門店　11. サンフランシスコ平和条約　12. 日米安全保障条約　13. 日米行政協定　14. 鳩山一郎　15. 自由民主党　16. 社会党　17. 日ソ共同宣言　18. 国際連合加盟　19. 岸信介
20. 新安保条約(日米相互協力及び安全保障条約)　21. 寛容と忍耐　22. 佐藤栄作　23. 日韓基本条約　24. 小笠原諸島　25. 祖国復帰運動　26. 沖縄返還協定

3—経済の高度成長
27. ドル危機　　28. スミソニアン博物館
29. 変動為替相場制　　30. 田中角栄
31. 日中共同声明　　32. 中東戦争
33. 石油危機　　34. 先進国首脳会議
35. マイナス成長
4—冷戦の終結と日本社会の動揺
36. ゴルバチョフ　　37. ペレストロイカ
38. 湾岸戦争　　39. ドイツ　　40. PKO協力法　　41. 細川護熙　　42. 小選挙区比例代表並立制　　43. 橋本龍太郎
44. 小渕恵三　　45. 新ガイドライン関連法　　46. 国旗・国歌法　　47. 郵政
48. 民主党　　49. 菅直人　　50. 5％
51. 野田佳彦

30日完成
スピードマスター日本史問題集　解答

2014年 1 月31日　第 1 版 1 刷発行
2019年11月30日　第 1 版 7 刷発行

編　者　東京都歴史教育研究会
発行者　野澤　伸平
印刷所　明和印刷株式会社
製本所　有限会社　穴口製本所
発行所　株式会社　山川出版社
　　　　〒101-0047　東京都千代田区内神田 1 -13-13
　　　　　　　　電話　03-3293-8131（営業）　03-3293-8135（編集）
　　　　　　　　https://www.yamakawa.co.jp/
　　　　　　　　振替口座　00120-9-43993

Ⓒ 2014 Printed in Japan　ISBN978-4-634-01042-0

●造本には十分注意しておりますが，万一，落丁・乱丁などがございましたら，
　営業部宛にお送りください。送料小社負担にてお取り替えいたします。